アジ研選書 41

ラテンアメリカの中小企業

清水達也・二宮康史・星野妙子　著

アジア経済研究所
IDE-JETRO

まえがき

　日本と途上国との経済関係のなかで，アジアと比べるとラテンアメリカは影が薄かった。地理的にも遠く，歴史的・文化的にもつながりが薄いためである。1970年代にブラジルをはじめとするラテンアメリカ諸国が大きな成長を遂げた時期には，日本企業が相次いで現地に進出したこともあった。しかしラテンアメリカでは，1980年代に債務危機が起こり，ほとんどの国の経済が危機に陥ったうえ，政治の不安定化や治安の悪化が進んだ。その結果，日系企業の多くは事業を縮小したり，撤退したりした。

　しかし2010年代になって日本側，ラテンアメリカ側の双方でこの状況が変わりつつある。まず日本側では，アジアを越えたグローバリゼーションが進んでいる。2008年のリーマンショック以降に米国経済が停滞するなかで円高が進み，これまで以上に製造拠点の海外移転が必要になった。さらに少子高齢化が進んで縮小へと向かう国内市場を補うために，新たな市場の開拓に迫られた。その結果，すでにおおかた進出を終えたアジア諸国だけでなく，これを越えた途上国へと注目が向けられた。

　つぎにラテンアメリカ側では，日本をはじめとする外国からの投資を受け入れる環境が整いつつある。1980年代の債務危機を経て，ラテンアメリカ各国は新自由主義（ネオリベラリズム）に基づく市場経済改革を導入した。この改革はマクロ経済の安定と成長をもたらしたものの，失業や格差といった痛みを伴った。我慢を強いられるだけで経済成長の恩恵を実感できない国民は新自由主義への反発を強め，その結果ラテンアメリカ各国で左派政権が誕生した。左派政権といえば一般に，国内市場を保護したり，外資企業に対して厳しい条件を課すというイメージが強い。しかし実際にはほとんどの国が，市場原理を尊重したうえで積極的に外資企業を誘致するなど，経済成長をめざした現実的な政策を採用した。また，中国の需要拡大による天然資源ブームにより輸出が拡大して経済が成長したことで，消費の拡大を担う中間層が増加した。さらに，二国間の自由貿易協定

(FTA)や地域経済統合の形成に積極的に取り組む国も多く，域内はもちろん，ダイナミックに成長するアジア太平洋地域との経済統合を進める動きも始まっている。

このような変化を受けて最近，日本企業によるラテンアメリカへの注目が高まっている。代表的な例がメキシコの自動車産業への投資である。日本の大手自動車メーカーが揃って現地の製造拠点を拡充しているほか，部品や原材料を供給するサプライヤーの進出も相次いでいる。このほかにも，域内で最大の経済規模を誇るブラジル，中間層の所得向上により市場が拡大しているコロンビア，ペルー，チリなどの国々が，成長する市場として注目を集めている。

このような状況のなかで，ラテンアメリカの経済に関する情報への需要が高まっている。主要産業や大企業については，これまでにもいくつかの研究があるほか，上場企業であれば基礎的な情報は入手できる。しかし日本企業が進出を検討する際に，部品やサービスの供給を受けたりするような中小企業についての情報は，絶対的に不足している。

そこでアジア経済研究所では2014年度に「ラテンアメリカの中小企業」研究会を実施し，現地の情報や先行研究を参照しながらラテンアメリカの中小企業に関する情報を分析・整理した。本書はその研究会の成果である。先進国と比べた中小企業の特徴，経済全体における中小企業の位置，産業クラスターの形成，ラテンアメリカ特有の企業文化，中小企業振興政策の特徴，成長する企業の事例などの情報を提供している。本書により，ラテンアメリカのビジネス環境に対する読者の理解が深まれば幸いである。

ラテンアメリカに進出を検討している企業関係者はもちろんのこと，ラテンアメリカの経済開発に興味がある方々にも手にとっていただきたい。

2015年7月

著者一同

目　次

まえがき

第1章　ラテンアメリカの中小企業をみる視点 ………… *1*

　はじめに　*2*
　1．中小企業への注目　*3*
　2．中小企業が直面する課題　*9*
　本書の構成　*16*

**第2章　ラテンアメリカ経済における
　　　　中小企業の位置** …………………………… *19*

　はじめに　*20*
　1．中小企業の定義　*20*
　2．1980年代から1990年代の中小企業　*24*
　3．2000年代の中小企業　*26*
　4．2000年代の製造業の中小企業　*34*
　おわりに　*41*
　補論1．日本の中小企業の定義　*42*
　補論2．ラテンアメリカの統計事情　*43*

第3章　ラテンアメリカの中小企業と産業クラスター …… *45*

　はじめに　*47*
　1．産業クラスターを理解するキーワード　*48*
　2．産業クラスターの事例　*53*
　　(1) アップグレードに挑む
　　　　——ブラジル・シノスバレイの製靴産業——　*54*

(2) 異なる経路で成長
　　　　　──コロンビアのアパレル産業── *58*
　　(3) 輸出産業の新規創出
　　　　　──チリ南部のサケ養殖業── *63*
　　(4) 輸入代替から輸出指向への転換
　　　　　──メキシコの自動車産業── *68*
　　(5) 産業分野ごとのアップグレード　*72*
　おわりに　*74*

第4章　ラテンアメリカの企業文化 …………………… *77*

　はじめに　*78*
　１．企業文化とは何か　*80*
　２．移民社会の歴史と企業文化　*85*
　３．家族と企業文化　*93*
　４．イベリア的秩序と企業成長の壁　*97*
　おわりに　*100*

第5章　ラテンアメリカの
　　　　中小企業政策の発展経緯と特徴 …………………… *103*

　はじめに　*104*
　１．政策の意義と中小企業の役割　*104*
　２．政策の発展経緯　*107*
　３．現在の中小企業政策にみる特徴　*112*
　おわりに　*121*
　補論──中小企業政策実施組織──　*122*

第6章　ラテンアメリカの成長する企業像 …………………… *125*

　はじめに　*127*

1．事例紹介
　　＜製造業＞
　　　　(1) 風力発電機材・ブラジル
　　　　　　　──輸出先市場の拡大に着目── *128*
　　　　(2) 都市交通システム・ブラジル
　　　　　　　──空気圧を動力とする車両システム── *130*
　　　　(3) 自動車産業・メキシコ
　　　　　　　──サプライチェーン参入の壁を越えた地場企業── *132*
　　　　(4) 金属機械産業・ペルー
　　　　　　　──認証取得により大型受注が可能に── *134*
　　＜サービス業＞
　　　　(1) IT産業・ブラジル
　　　　　　　──世界の主要タクシーアプリとして成長── *137*
　　　　(2) レジャー産業・メキシコ
　　　　　　　──子ども向け職業体験テーマパークの世界展開── *139*
　　　　(3) レストラン産業・ペルー
　　　　　　　──カリスマシェフ，ガストン・アクリオ── *141*
2．事例にみた企業の成長要素に関する考察　*144*
おわりに　*147*

巻末附表　*149*

参考文献一覧　*156*

索引　*163*

v

第 1 章

ラテンアメリカの中小企業をみる視点

リマ市内の工業団地にある変圧器工場　　　　　　　　（2014 年 8 月，清水達也撮影）

はじめに

　1990年代の市場経済改革と2000年代の国際市場における一次産品価格の高騰を背景として，ラテンアメリカ諸国は経済的に大きな飛躍を遂げた。域内最大の経済規模をもつブラジルはBRICS（ブラジル，ロシア，インド，中国，南アフリカの新興5カ国）の一角として国際経済に大きな影響を与える新興国という地位を確保し，国際社会での発言力も増した。これに続く経済規模のメキシコは米国向けの輸出拠点として世界中から数多くの製造業企業を吸い寄せている。両国に対する日本企業の関心も増大しており，外務省海外在留邦人数調査統計によれば，現地に進出する日系企業の数は2005年から2013年のあいだに，ブラジルで305社から526社に，メキシコで326社から630社へと大きく増加している。それ以外にも2000年代に安定した経済成長を遂げた国が多く，消費市場としてはもちろんのこと，ラテンアメリカ域内向け製品の製造拠点としての魅力も高まっている。

　そのなかで本書が注目するのが中小企業である。1990年代の市場経済改革では，国営企業の民営化などに参加した外資企業や国内の大手企業が経済成長の担い手として注目を集めた。しかしながら，多くの国でマクロ経済の安定が実現したものの，それが雇用の創出や格差の是正にはなかなかつながらなかった。また，1990年代までのアジアで進行したような製造業の成長は，多くの国ではみられなかった。

　このような状況のなかで2000年代に入って注目を集めているのが中小企業である。ラテンアメリカの中小企業に対してはこれまで，低所得者層を対象とした雇用の受け皿という役割が期待されている程度であった。しかしグローバル化の進展に伴う産業構造の転換にともない，国境を越えた機能的分業の一部分を受けもつだけでなく，そのなかでイノベーションの担い手としての役割を期待されるようになった。

　そこで本章では，ラテンアメリカの中小企業に関する統計や最新の研究成果を解説しながら，現在のラテンアメリカにおける中小企業の姿を明らかにしたい。本章の前半では，ラテンアメリカの中小企業を取り巻く経済

状況や産業構造の変化を説明したのち，最近になって中小企業が注目を集めている理由を説明する。後半では今日のラテンアメリカの中小企業の特徴と課題を示す。

1．中小企業への注目

　最近になって国際機関や各国の政府などがラテンアメリカの中小企業に注目しているのは，それらが雇用創出や地域経済の担い手としてだけでなく，経済発展の原動力と成り得ると期待しているからである。かつては外国資本や国内資本の大企業が経済発展の主役と期待されていたが，国際的な産業構造の転換や市場経済改革を経て，中小企業の重要性が認識されるようになってきた。さらに最近はラテンアメリカ諸国におけるビジネス環境が向上しており，外国企業の注目も高まっている。

大企業主導型

　1980年代までラテンアメリカ各国で採用されていた輸入代替工業化政策では，おもに国営企業や民間の大規模企業が工業化の担い手の役割を担った。鉄鋼や化学製品などの素材の生産を受け持つ国営企業が設立され，耐久消費財の生産は外資や国内資本の民間企業が担った。大きな設備投資を必要とするこれらの産業の担い手は，必然的に大規模企業に限られ，政府はこれらの企業を対象に資金供給，税制，貿易などにおいてさまざまな優遇措置を与えた。

　1980年代半ばの債務危機をきっかけとして経済危機に直面したラテンアメリカ諸国は，市場経済改革を採用してこの危機を乗り切った。この過程で輸入代替工業化政策からの転換を図り国営企業の民営化を進めた。民営化の受け皿となったのは外資企業と国内資本の大規模企業で，今度はこれらの企業が経済成長の担い手として期待された。この時期のラテンアメリカの企業を対象とした研究は，特定の産業や企業グループのほか，ラテンアメリカ企業の域内における多国籍企業化などに注目している（星野1996：2002：2004；堀坂・細野・長銀総合研究所1996；堀坂・細野・古田島

2002；星野・末廣 2006）。

　一方で中小企業はあまり注目を集めなかった。アジアと異なりラテンアメリカでは，とくに製造業において，中小企業が経済成長の担い手としてはみられていなかったためである。たとえば，ブラジルでは伝統的な軽工業部門には中小企業が多いものの，大規模な製造業では大規模企業が部品などを内製する割合が高く，いわゆる大規模企業の下請として部品を供給する中小企業が少なかった。中小企業の技術水準の低さ，取引ごとに課税される複雑な税制，マクロ経済の大きな変動がその理由である（小池1997a；1997b）。

　外資や国内の大規模な企業が主役を担った1990年代のラテンアメリカ諸国においては，市場経済改革によってマクロ経済が安定し経済成長の兆しがみられた。しかし一方で，市場経済化によるマイナス面も明らかになった。

　その1つが失業の増加である。財政削減や国営企業の民営化にともない，多くの公務員や国営企業の従業員が職を失った。また，国内製造業の衰退も失業増加に拍車をかけた。貿易自由化の進展によって輸入規制の緩和や関税の引き下げが行われると，外国からの低価格の工業製品が国内市場に流入した。その結果，輸入品との競争に対抗できない企業の多くが倒産した。

　もう1つが為替や金融の自由化で国際金融市場とのつながりが深まったことである。政府や企業は有利な資金調達が可能になる半面，外部からの影響を受けやすくなった。1994年のメキシコ，1999年のブラジル，2002年のアルゼンチンでは，国際金融市場の影響により通貨危機が発生して経済が混乱した。

　このように，輸入代替工業化やその後の市場経済改革期のラテンアメリカ諸国では，製造業を中心とした工業化は一部の国にとどまった。また，経済成長の利益を受けることができたのは富裕層にとどまり，格差の是正や貧困の削減には結びつかなかった。

国際的な産業構造の転換

ラテンアメリカ諸国では製造業がなかなか成長しなかった一方で，1980年代以降のアジアの途上国では，製造業を中心として工業化が大きく進展した。まず韓国，台湾，香港，シンガポールといったアジア NIEs（Newly Industrializing Economies）と呼ばれる国と地域が高成長を遂げ，これにタイ，マレーシア，インドネシアといった東南アジア諸国連合（ASEAN）の国々，そして中国が続いた。

アジアにおける工業化の進展のなかで，途上国の工業化のあり方に大きな影響を与える産業構造の転換が起きた。工業化における先進国と途上国の役割分担が，「先進国が重工業，途上国が軽工業」という産業ごとから，「先進国が薄型テレビ，途上国がブラウン管テレビ」という製品ごとへと変化した。そしてグローバル化の進行に伴って，「先進国がデザインとマーケティング，途上国が製品組み立て」という同一製品における機能ごとの役割分担へと変わった（小池 2010, 98）。つまり製品をつくって販売するために必要な，企画，設計，製造，販売，サポートなどの機能を，国境を越えて分業するようになったのである。

この転換の過程で，途上国の経済発展における中小企業の役割も注目されるようになった（北村 1999；関 2001；小池・川上 2003）。そのきっかけとなったのが，おもに中小企業からなる北部イタリアの産業クラスターの高い競争力に注目した研究（ポーター 1992；ピオリ／セーブル 1993）や，途上国の産業クラスターに注目した研究（Schmitz and Nadvi 1999），グローバル化によって世界中に広がったサプライチェーンを対象とするグローバルバリューチェーン（GVC）研究（Gereffi et al. 2001）である（詳しくは第3章を参照）。産業クラスターや GVC に関する研究は途上国でも注目を集め，柔軟な専門性（flexible specialization）を備えた中小企業が集積によりネットワーク化を進めて産業クラスターを形成すれば，これらに属する企業の GVC への参加が進み，工業化が進展する。国際機関や途上国政府はこのような期待をもって中小企業に注目し始めたのである。

中小企業の重要性

　国連ラテンアメリカ・カリブ経済委員会（英文では Economic Comission for Latin America and the Caribbean: ECLAC，スペイン語では Comisión Económica para América Latina y el Caribe: CEPAL）や米州開発銀行（IDB）は，1990年代末から中小企業に注目して研究を行い，中小企業はとくに雇用において重要な存在であることなどを明らかにしている（Peres and Stumpo 2000）。また，経済全体における中小企業の位置づけを国別に整理したり，産業クラスターやGVCの事例を取り上げて産業や企業が成長する要因を分析した研究の蓄積も進んでいる（Peres y Stumpo 2002; Dini y Stumpo 2004; Giuliani, Pietrobelli and Rabellotti 2005; Pietrobelli and Rabellotti 2006; Hernández, Martínez-Piva and Mulder 2014）。これらの研究では，中進国であるラテンアメリカ諸国がさらに発展するための成長のエンジンとして中小企業に注目しており，その理由として以下の点を指摘している（Peres and Stumpo 2000）。

　第1は経済政策の転換である。輸入代替工業化期には地場資本の大手民間企業が工業化の担い手として期待され，融資や税金などの面で優遇を受けてきた。その結果として中小企業は相対的に不利な立場におかれたため，大規模企業と競争することは難しかった。しかし市場経済改革が進められて大規模企業を対象とした優遇政策が廃止されると，中小企業は少なくとも同じ条件で大規模企業と競争できるようになった。

　第2は，中小企業は労働集約的な産業に従事し，ラテンアメリカ諸国が優位性をもつ安い労働力を集約的に活用しているからである。それに対して輸入代替工業化期に優遇された大規模企業は，外国から生産設備を導入する資本集約的な産業を中心に従事していた。

　第3は，国際市場における公正な競争の重視と市場経済改革による市場原理の重視のなかで，特定の大規模企業に対する政策的支援が難しくなりつつあることである。それに対して中小企業に対する支援は，貧困の削減や雇用の創出などを目標に行われることから，国内外でも受け入れられやすい。

　第4は，資本の自由化により，輸入代替工業化期には認められていな

かった外国企業が全額出資する企業の設立が認められるようになったことである。これにより，たとえば自動車部品企業が，途上国に進出した完成車メーカーに対して部品を供給するサプライヤーを現地に設立して部品を製造することが，以前と比べると容易になった。これらのサプライヤーは完成車メーカーと比べると規模は小さいが，雇用の創出や技術の移転を通じて経済成長にとって重要な役割を果たすと考えられている。

外国企業も注目

ラテンアメリカの中小企業に対しては，国際機関やラテンアメリカの各国政府だけでなく，外国企業の関心も高まっている。その理由として挙げられるのが，いくつかの主要国における良好なビジネス環境や，自由貿易協定への積極的な取り組みである。

途上国のビジネス環境を表した図1-1は，縦軸に人口規模，横軸にビジネスのしやすさの指標をとり，ラテンアメリカ主要10カ国のほか，BRICSやASEANなど主要な途上国の位置を示している。ビジネスのしやすさの指標には，世界銀行などがとりまとめているビジネスに関する規制や制度に関する指標を利用した（World Bank 2014）。新規にビジネスを始めるにあたって必要な手続きの複雑さやコストなど，ビジネスを円滑に行うための法制度や機関にかかわる11の項目について評価した指標である。

これによれば，メキシコ，コロンビア，ペルー，チリは，ASEANのなかでも工業化が進んでいるタイ並みの人口規模とビジネスのしやすさを備えていることがわかる。ブラジルについては，4カ国と比べてビジネスのしやすさにおいては評価が低いものの，それらを大きく上回る人口規模を抱えている。またこの5カ国は，ラテンアメリカ主要国のなかでも国債の格付けが良好な国と一致している。大手格付け会社の1つであるスタンダード＆プアーズ社の外貨建て国債の格付けをみると，2015年10月時点で，最も高いのがチリのAA-で日本の水準を上回る。これに続いてメキシコとペルーのBBB+，コロンビアとウルグアイのBBB，ブラジルのBB+となっている。タイやマレーシアのA-には及ばないが，インドや南

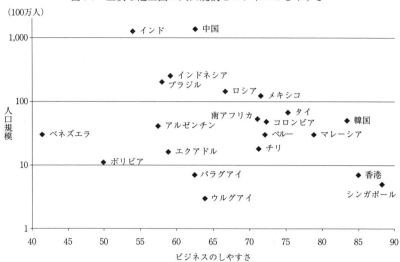

図1-1 主要な途上国の人口規模とビジネスのしやすさ

（出所）Wrold Bank（2014），World Development Indicators のデータより筆者作成。
（注）人口規模は 2013 年の人口（100 万人）を対数で表示した。ビジネスのしやすさは Wrold Bank（2014）の DTF スコア（最もビジネス環境が良い国との差を示す指標）。

アフリカの BBB- と同等であり，ブラジルを除いては投資適格債と呼ばれる水準である。

さらに，メキシコ，コロンビア，ペルー，チリの4カ国は，二国間や多国間の自由貿易協定にも積極的に取り組んでいる。いずれの国も米国と欧州連合（EU）の双方と自由貿易協定を結んでいるほか，メキシコ，チリ，ペルーの3カ国は環太平洋パートナーシップ協定（TPP）の交渉に参加している。そして2011年には，相互に二国間自由貿易協定を結んでいるこの4カ国が太平洋同盟を結成し地域経済統合を進めている。さらに，太平洋同盟が南米南部共同市場（メルコスール）と統合する動きもある。

このようなラテンアメリカ諸国におけるビジネス環境の改善は，新規の起業や中小企業の成長を促すだけでなく，外国企業による取引拡大や直接投資を後押ししている。

2．中小企業が直面する課題

ラテンアメリカ経済とそこで活躍する中小企業への関心が高まりつつある一方で，依然として多くの中小企業が，生産性の低さやインフォーマル経済にとどまるという問題を抱えている。先進国企業がカウンターパートとしてラテンアメリカの中小企業を選ぶには，これらの問題を認識する必要がある。ここでは企業規模別の不均質性とインフォーマル経済をキーワードとして，ラテンアメリカ諸国の中小企業の課題について整理する。

企業規模別の不均質性

ラテンアメリカには，貧困問題をはじめとする社会的に大きな格差が存在することが知られているが，企業規模別にみても「不均質性」(Heterogeneity) という問題が存在する (OECD and ECLAC 2012; ECLAC 2010)。具体的には大規模企業とその他大多数の中小企業のあいだにおける格差である。ブラジルを例にとると，先端技術を象徴する航空機産業において欧米先進国の企業と競合するエンブラエルのような航空機メーカーがある一方，街中で中古車や古い家電製品を修理して生計を立てる大多数の零細修理業者が存在する。ラテンアメリカの企業社会でこのような大きな格差が生まれる根本的な要因とは何であろうか。近年，ラテンアメリカの中小企業に関するさまざまな研究で，生産性の問題が多く指摘されている (Pagés 2010; ECLAC 2010; Ibarrarán, Maffioli and Stucchi 2009)。生産性は個々の企業における経営能力の高さや進歩的技術の導入度合，購買や販売の規模に基づく交渉力，社会的セーフティネットへのアクセス容易性，労働市場における上昇移動の選択可能性を反映し，生産性の格差が広がることで，企業規模別の不均質性につながることが指摘されている (ECLAC 2010, 86)。

実際に企業の規模別労働生産性をみてみよう。図1-2では大規模企業の生産性を100とした場合の中小企業の生産性をラテンアメリカ主要国と欧州先進国とで比較したデータを示した (ECLAC 2010)。まず中規模企業の

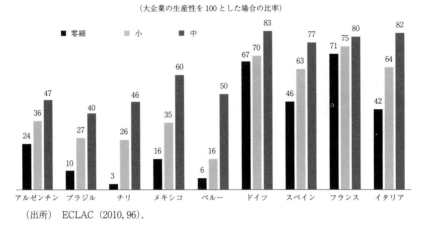

図 1-2 ラテンアメリカと OECD 主要国における企業規模別生産性
（大企業の生産性を 100 とした場合の比率）

（出所）　ECLAC（2010, 96）.

場合，欧州ではドイツが83％，スペインが77％，フランスが80％，イタリアが82％であったのに対し，ラテンアメリカではアルゼンチンが47％，ブラジルが40％，チリが46％，メキシコが60％，ペルーが50％という結果であった。つまり大規模企業と中規模企業との生産性格差はラテンアメリカのほうが大きいことがわかる。さらに中規模と小規模，零細を比べると，その間の格差はラテンアメリカ諸国で非常に大きいことがわかる。

　理論上は，企業規模と生産性の関係，つまり大企業が生産性において常に中小企業を上回るかについて明確な答えは出ていない。大企業は規模や範囲の経済のメリットを享受できるのに対して，中小企業は環境変化への素早い対応が可能で，規模の経済のメリットを享受するために他社と提携することもできるし，小さいが特殊な市場に特化することができる（Ibarrarán, Maffioli and Stucchi 2009, 10）。しかし上記のように地域ごとで比較すると，欧州先進国に比べラテンアメリカ主要国では企業規模によって生産性に格差があり，不均質性が認められる。

　つぎに表 1-1 で各国の企業規模ごとの給与水準の差をみよう。ドイツやスペインの零細企業の給与水準が大規模企業の60％台であるのに対し，アルゼンチン，ブラジル，メキシコはそれぞれ36％，43％，21％という

表1-1 大企業と比較した企業規模別給与水準（2006年）

(%)

	アルゼンチン	ブラジル	チリ	メキシコ	ドイツ	スペイン	フランス	イタリア
零細	36	43	—	21	69	63	—	—
小	44	42	52	56	73	74	88	69
中	57	64	69	55	81	89	91	79
大	100	100	100	100	100	100	100	100

（出所） OECD and ECLAC (2012, 47).

結果であった。つまり給与という点でも企業規模による格差がラテンアメリカでは大きいことがわかる。

なお比較にあたっては，それぞれの国における中小企業定義やデータを採用し，統一した基準での比較ではない。また生産性の格差だけが給与格差の直接的な要因といえるのか十分な検証はなされていない。しかしこれらの結果は，ラテンアメリカにおける企業規模別の生産性における不均質性が，社会的な所得格差にもつながる可能性を示している。

生産性格差の要因

企業規模別の不均質性という問題はどこから生まれてくるのであろうか。その明確な答えを提示することは難しいがイノベーションや研究開発による生産性の格差が重要になると考えられる。

2014年に世界銀行から発行された『ラテンアメリカの企業家たち』(Latin American Entrepreneurs) (Lederman et al. 2014) は，ラテンアメリカは企業家の数は多いものの，彼らが生み出すイノベーションが少ないことを指摘している。途上国において企業家は成長と発展の原動力と成り得る存在である。人口規模や所得水準を考慮して比較すると，ラテンアメリカ諸国は他地域より企業家数が多い。しかし事業体の従業者数規模を比較すると，ラテンアメリカ諸国は他地域の国より小さい規模で起業され，さらに時間が経過しても相対的に小さくとどまる傾向がみられる。この傾向を生む1つの要因として同報告書はイノベーションの水準の低さを挙げている。ここでいうイノベーションとは，新製品の導入（プロダクトイノベーション）や新しい製造機械の導入など製造過程の改善（プロセスイノベー

ション）を指す。たとえば 2006 年および 2008 年の世界銀行の企業調査によれば，過去 1 年間に新製品を導入した企業の割合を比較すると，ラテンアメリカ諸国の企業は東欧や中央アジアあるいは高所得国に比べて低いという結果が示されている（Lederman et al. 2014, 67）。

　イノベーションに関する国際的な調査も同様の結果を示している。国際的に著名なビジネススクールである INSEAD が中心となり，毎年世界各国におけるイノベーションに関する指標「グローバルイノベーションインデックス」（Global Innovation Index: GII）を発表している。イノベーションを投入（インプット）と産出（アウトプット）に分けて，前者は制度・機構，インフラ，人的資源・研究，市場洗練度，ビジネス洗練度を，後者は知識の創造や普及，創造的な活動について指標をつくり，その合計で国単位のイノベーションの水準を評価している。2014 年版によればラテンアメリカ諸国のランキングは，世界 143 カ国中チリの 46 位が最高位で，ブラジルは 61 位，メキシコは 66 位，コロンビアは 68 位，ペルーは 73 位にランキングされている。16 位の韓国，29 位の中国などアジアの工業国と比べれば低位に甘んじている（Cornell University, INSEAD and WIPO 2014）。

　ではイノベーションや研究開発への投資と生産性にはどのような関係性があるのであろうか。一般に先進国では，研究開発への投資や外部からの技術導入によって企業内で新しい知識が形成され，これがイノベーションを誘発し，その結果として生産性が向上すると考えられる。しかしラテンアメリカ企業の場合には先進国企業とは異なる（Crespi and Zuñiga 2010）。具体的には，企業の売上に対するイノベーション投資の比率が小さいだけでなく，イノベーションへの投資に比べて研究開発投資の比率が小さい（図 1-3）。これは，ラテンアメリカ諸国で多くみられるイノベーション投資が，おもに先進国からの技術導入やその改良に向けられるからである。これに加えて不安定なマクロ経済や政策・規制，限られた市場規模などのビジネス環境により，研究開発への投資が進まないと考えられる（Crespi and Zuñiga 2010, 12）。

　つぎにイノベーション投資と労働生産性の関係を，アルゼンチン，チリ，コロンビア，コスタリカ，パナマ，ウルグアイの 6 カ国の製造業について

第1章 ラテンアメリカの中小企業をみる視点

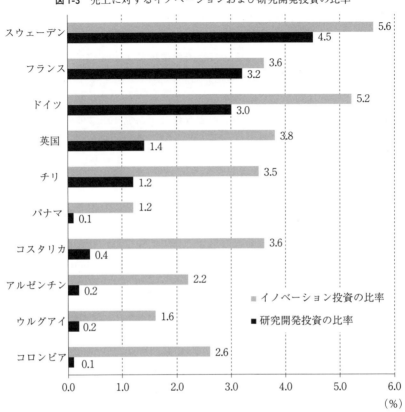

図1-3 売上に対するイノベーションおよび研究開発投資の比率

（出所） Crespi and Zuñiga（2010, 30, Figure 1）.
（注） イノベーションや研究開発の定義は，各国で統一されたものではない。

みると，コスタリカを除くすべての国でイノベーション投資が労働生産性にポジティブな効果があることがわかった。つまりラテンアメリカ諸国においてもイノベーションに投資をする企業は新たな技術的進歩を達成でき，これが労働生産性の向上につながる（Crespi and Zuñiga 2010, 21）。

インフォーマル経済の存在

不均質性を生む要因に生産性の問題を挙げたが，もう1つそれに関連し

ラテンアメリカ地域の特徴となるテーマにインフォーマル経済の存在が挙げられる。国際労働機関（ILO）の定義によれば，インフォーマル経済とは，法律または実際上，正規の雇用契約に基づかないあるいは不十分な適用状態において働く労働者，そして経済事業体によるすべての経済活動を指す（ILO 2002）。とくに零細企業あるいは個人事業主でインフォーマル経済にとどまる傾向が強くみられる。そこで営まれる非正規労働は一般的に非効率，低生産性と結びつけて考えられ，インフォーマル経済の割合が大きければ大きいほど，利用可能な人的資源を適切に利用できていないことを示唆する（OECD 2009, 11）。

ラテンアメリカ地域では以前からインフォーマル経済の大きさが問題として指摘されており，さまざまな研究がこれを裏づけている。たとえばOECD（2009）は各国の雇用，事業所調査のデータから推計し非農業部門におけるインフォーマル労働者の割合としてインフォーマル経済の規模を示している。同データは出所の調査年次や調査手法が各国の出所元で異なるという問題はあるが，国・地域別の結果をみると1990年代の調査時点で，アフリカ・サブサハラ地域（8カ国）が70％以上，東南アジア地域（5カ国）が70％前後，ラテンアメリカ地域（15カ国）が50％以上という結果であった。国別にみるとブラジルが60％，メキシコが59％と高い一方，チリが36％，コロンビアが38％とばらつきがみられる（OECD 2009, 32）。アフリカや東南アジアと比べるとラテンアメリカのインフォーマルな労働人口の割合は低いものの，ブラジルやメキシコのような域内大国で約6割を超えていることから，絶対数ではかなり多いことがわかる。

また，2002～2003年時点について調べたSchneider（2004, 41）は，GDPに占めるインフォーマル経済（原典ではShadow Economyという表現を用いている）の割合を，アフリカ地域（24カ国）は41.2％，アジア地域（25カ国）は26.3％，ラテンアメリカ・カリブ地域（17カ国）は41.5％としている。国別にみると，ブラジルが42.3％，メキシコが33.2％，チリが20.9％，コロンビアが43.4％，ペルーが60.9％という結果であった。ラテンアメリカ地域のインフォーマル経済の大きさは，国によってばらつきがあるものの，総体としては大きな存在感をもっていることがわかる。

インフォーマル経済の発生にはさまざまな理由が考えられる。たとえば，税金や社会保障に対する負担や行政が定めた複雑な規制から逃れることが挙げられる。税金などの負担が高ければ高いほど，そして規制が複雑であるほど，これを逃れようとしてインフォーマル経済が発生し，賄賂などの汚職が広がると考えられる（Schneider 2004）。

　事業を始めようとする個人事業主の立場からその理由を考えてみよう。まず正規に会社を登録し営業許可などを取得する際の手続きには，コストと時間がかかる。一般的に設立手続きには会計士や弁護士の助けが必要なことが多い。また税金の納付のほか，労働法に準拠した雇用契約を締結すれば，従業員の社会保障費用の一部を負担する必要がある。インフォーマルな形でビジネスを始めるのであれば，これらのコストや時間を節約できる。つまり，フォーマルな事業活動を開始するために必要な行政手続きは多岐に渡り，これらのコストが高ければ高いほど，インフォーマル経済にとどまるメリットが大きい。

　ただしインフォーマル経済で活動することのデメリットもある。たとえば行政側に活動の発覚を恐れ事業規模の拡大に躊躇することや，中小企業支援をはじめとする行政サービスを受けることができないという問題が挙げられる（Loayza 1996, 130）。これらは前述の生産性の低さにも直結する議論ともいえる。

　事業を行うに際して規制・制度にまつわるコストは，概して中小企業にとり大きな負担となる。大規模企業であればある程度の費用や人手をかけることができたとしても，資金や人材に余裕のない中小企業には負担感が大きい。彼らが規制・制度にかかるコストを理由に会社を興すことを諦める，あるいはインフォーマル経済にとどまることがあれば，経済的損失となるばかりか社会的損失にもつながる。なぜならインフォーマル経済にとどまることは，その事業体が政府の中小企業支援策を受けられず生産性向上に向けた機会が得られないばかりか，そこで働く労働者にも本来享受すべき社会保険や労災などの行政のセーフティネットが及ばず，脆弱な貧困層を生み出すことにつながるからである。

　ラテンアメリカの中小企業が経済発展において重要な役割を果たすには，

インフォーマル経済から脱却して生産性を向上していくことが必要となる。そしてそのためには，個人や企業をインフォーマル経済に追いやる「悪法」とそれによる規制や制度を撤廃し，経済的な効率を保証，促進する「良法」に改める必要がある（De Soto 1989）。

本書の構成

　本書は，ラテンアメリカの中小企業に対する理解を深めるために鍵となるさまざまな中小企業の側面について各章で取り上げている。

　まず第2章では，ラテンアメリカ各国における中小企業の定義を説明する。そしてこれに基づいた統計データを利用して，1980年代から2000年代までの各国経済における中小企業の位置づけとその変化を確認する。ここでは，1990年代以降の市場経済改革によって中小企業は厳しい競争にさらされたにもかかわらず，現在においても経済主体として重要な割合を占めていることを示す。

　産業クラスターの形成と発展を取り上げた第3章は，産業クラスターやグローバルバリューチェーン（GVC）など，中小企業がさまざまな制約を乗り越えて成長する仕組みについておもなキーワードを説明したのち，ラテンアメリカでよく取り上げられる4つの産業クラスターの事例を紹介する。中小企業が発展するには，関連産業の企業の立地が集中するだけではなく，その間でネットワークを築いて共同で行動を起こすこと，GVCに参加して生産性や付加価値を高めること，そしてそのなかでさまざまなアップグレードを図ることが必要であることを示す。

　ラテンアメリカの企業文化について論じる第4章は，ラテンアメリカ特有の組織の文化や風土が中小企業の発展にどのような影響を与えているかを検討する。家族制度や社会のヒエラルキー構造など，かつての宗主国であるスペインやポルトガルのイベリア的秩序が，中小企業の成長にとって壁となっていることを説明する。しかし経済のグローバル化の進展とともに，この壁を乗り越える企業も出てきている。

　ラテンアメリカ各国の中小企業政策についてまとめた第5章は，中小企

業政策の意義を検討し，これまで各国政府がとってきた経済政策や中小企業政策の経緯を説明する。そして現在の中小企業政策について制度や特徴を示し，課題を指摘する。

　第6章はラテンアメリカの成長する企業像を紹介する。製造業やサービス業の分野において，成長を実現している企業の事例を取り上げ，その特徴を整理する。

　巻末に附表としてラテンアメリカの中小企業に関する統計資料などを整理して提示した。

第 2 章

ラテンアメリカ経済における中小企業の位置

革製品産地の見本市　（2015 年 1 月，メキシコ・グアナファト州レオン市，星野妙子撮影）

はじめに

　この章では，ラテンアメリカ経済のなかで中小企業がどのような位置を占めるかを明らかにすることをねらいとして，統計資料により中小・零細企業を数量的に把握する作業を試みる。じつは次の2つの理由からこの作業はそれほど簡単なものではない。第1に，中小・零細企業は膨大な数に上り，ラテンアメリカでは多くの政府が全体を把握しきれておらず，数量的把握のために必須とされる信頼に足る統計資料の入手が難しいことがある。毎年中小企業白書が刊行され，インターネットで中小企業についての詳細な統計資料を入手できる日本とは，事情は大きく異なる。第2に，中小企業の定義が国ごとに異なるために，ラテンアメリカ規模で中小企業を測る共通の物差しが存在せず，そのために国ごとの厳密な比較ができないことがある。そこでこの章では統計資料が入手可能な限られた国について，それぞれの国の経済に占める中小・零細企業のおおよその位置を確認することとする。

　本章の構成は次のとおりである。第1節では中小企業（および零細企業）の定義にかかわる基本的な情報を整理して示す。第2節では国連ラテンアメリカ・カリブ経済委員会（ECLAC）の報告書（Peres and Stumpo 2000；Peres y Stumpo 2002）によりながら，1980年代から1990年代の中小企業の状況を概説する。第3節では，最近の統計によって2000年代の中小企業の位置を確認する。第4節では，製造業に焦点を絞って2000年代の中小企業の位置を確認する。

1．中小企業の定義

　ここでは次の3つの問いかけに答えるかたちで，中小企業統計を検討する際に念頭に入れておいた方がよいと思われる，中小企業の定義にかかわる基本的な知識について説明する。問いかけとは，そもそもなぜ企業を規模別に分類するのか，分類する際の基準は何なのか，分類の仕方に地域ご

第2章　ラテンアメリカ経済における中小企業の位置

表2-1　日本とEUの中小・零細企業定義

国	企業カテゴリー	基準	指標	備考
日本	小規模事業者	（製造業その他）20人以下	従業者数	
		（商業・サービス業）5人以下		
	中小企業者	（製造業その他）300人以下，3億円以下	従業者数，資本金額（出資総額）	中小企業基本法第2条
		（卸売業）100人以下，1億円以下		
		（小売業）50人以下，5,000万円以下		
		（サービス業）100人以下，5,000万円以下		
EU	零細	10人未満，200万ユーロ（274万ドル）以下，200万ユーロ以下	従業者数，年間売上額，年次総資産額	2003年EU勧告第361号。2014年5月13日付け1ユーロ＝1.37ドルで換算。
	小規模	50人未満，1,000万ユーロ（1,370万ドル）以下，1,000万ユーロ以下		
	中規模	250人未満，5,000万ユーロ（6,850万ドル）以下，4,300万ユーロ以下		

（出所）各国・地域の法律に基づき筆者作成。

と，国ごとの特徴はあるのか，この3つである。表2-1には日本とEU，表2-2にラテンアメリカ主要国とメルコスール（南米南部共同市場）の法令に基づく中小・零細企業の定義を整理して示した。

まず，そもそもなぜ企業を規模別に分類するのかについてである。次節以降で用いる統計の企業規模を定義している主体は当該国政府である。定義の根拠となる法令は表2-2の備考欄に示してある。政府が中小企業（および零細企業）を定義するのは，中小企業政策や統計整備などを実施する際に対象を特定する必要があるためである。中小企業を政策ターゲットとするのは，政府が中小企業を経済・社会発展の重要な要素であるとみなし，助成のために政策的措置が必要と判断するためといえる。ラテンアメリカ各国政府の中小企業政策については第5章で詳しく紹介する。中小企業の定義は，ラテンアメリカに限らず世界の国・地域で異なるが，それは，国・地域によって産業構造や発展の度合が異なり，それにともない政策的課題，政策ターゲットとなる対象も異なるためである。

それでは何を基準に企業の規模を区分しているのだろうか。基準とする指標には世界である程度の共通性が認められる。たとえば国連アジア太平

表2-2 ラテンアメリカ主要国およびメルコスールの法令に基づく中小・零細企業定義

国	企業カテゴリー	基準	指標	備考
アルゼンチン	零細	(農畜産業) 61万ペソ (7万6,000米ドル) 未満 (工業・鉱業) 180万ペソ (22万4,000米ドル) 未満 (商業) 240万ペソ (29万9,000米ドル) 未満 (サービス業) 59万ペソ (7万4,000米ドル) 未満 (建設業) 76万ペソ (9万5,000米ドル) 未満	年間売上額 (ただし直近過去3年間の平均)	Ley N° 24,467/1995 およびLey N° 25,300/2000 および Resolución 50/2013 などに基づき、産業省中小企業地域開発局が定義。カッコ内の米ドル換算レートは2014年5月13日付けの1米ドル＝8.021ペソを適用。
	小規模	(農畜産業) 61万〜410万ペソ (51万1,000米ドル) 未満 (工業・鉱業) 180万〜1,030万ペソ (128万4,000米ドル) 未満 (商業) 240万〜1,400万ペソ (174万5,000米ドル) 未満 (サービス業) 59万〜430万ペソ (53万6,000米ドル) 未満 (建設業) 76万〜480万ペソ (59万8,000米ドル) 未満		
	中規模	(農畜産業) 410万〜5,400万ペソ (673万2,000米ドル) 以下 (工業・鉱業) 1,030万〜18,300万ペソ (2,281万5,000米ドル) 以下 (商業) 1,400万〜25,000万ペソ (3,116万8,000米ドル) 以下 (サービス業) 430万〜6,300万ペソ (785万4,000米ドル) 以下 (建設業) 480万〜8,400万ペソ (1,047万3,000米ドル) 以下		
ブラジル	零細	36万レアル (16万3,000米ドル) 以下	年間売上額	2006年12月14日補足法令第123号 (零細・小企業一般法)。カッコ内の米ドル換算レートは2014年5月13日付けの1米ドル＝2.21レアルを適用。
	小規模	36万レアル超〜360万レアル (163万米ドル) 以下		
チリ	零細	2,400UF 以下 (10万3,000米ドル)	年間売上額	企業規模の定義は2010年法令 (ley)20416号「規模の小さい企業向け特別法令」(経済省) による。1UFは2014年5月11日時点で23,844.11ペソ (同日付のレートで、1米ドル=555.77ペソで換算すると42.90米ドル)
	小規模	2,401〜25,000UF (107万3,000米ドル)		
	中規模	25,001〜100,000UF (429万米ドル)		
コロンビア	零細	10人以下、500SMVL (16万米ドル以下)	従業者数、月額最低賃金SMVLの倍数で表現された総資産額	企業規模の定義は2011年法律 (ley)1450) による。SMVLの2014年時点の金額は616,000ペソ (1米ドル＝1,926ペソで換算 [2014年5月] すると320米ドル)。
	小規模	11〜50人、501〜5,000SMVL (16万〜160万米ドル)		
	中規模	51〜200人、5,001〜3万SMVL (160万〜960万米ドル)		
	大規模	201人以上、3万1SMVL (960万米ドル以上) 以上		

第 2 章　ラテンアメリカ経済における中小企業の位置

国	企業カテゴリー	基準	指標	備考
メキシコ	零細	(全部門) 10人以下、400万ペソ (31万米ドル) 以下、複合最大値 4.6	従業者数、年間売上額、複合最大値 = (従業者数)×10% + (年間売上額)×90%]	2002年12月30日付官報公示「中小零細企業の競争力を高めるための法律」に定義。これに加えて、毎年発表される同法の運用規則により、年間売上限度額および複合最大値が定められる。同表では2014年度上限額および複合最大値のカッコ内の米ドル換算レートは2014年5月13日付けの1米ドル=12.92ペソを適用。
	小規模	(商業) 11～30人、400万ペソ超～1億ペソ (774万米ドル)、複合最大値 93 (工業・サービス業) 11～50人、400万ペソ超～1億ペソ (774万米ドル)、複合最大値 95		
	中規模	(商業) 31～100人、1億ペソ超～2億5,000万ペソ (1,935万米ドル) 以下、複合最大値 235 (サービス業) 51～100人、1億ペソ超～2億5,000万ペソ (1,935万米ドル) 以下、複合最大値 235 (工業) 51～250人以下、1億ペソ超～2億5,000万ペソ以下 (1,935万米ドル)、複合最大値 250		
ペルー	零細	150UIT (約20万5,000米ドル) 以下	年間売上額	Decreto Supremo No.007-2008-TRを基本法令とし、これを改正した2013年7月2日公布法令 Ley N° 30056により定義。2014年度の1UITは法令 D.S. N° 304-2013-EFにより3800ソル。2014年5月13日付レートでは、1米ドル=2.7846ソル。
	小規模	150UTI超、1,700UIT以下 (約232万ドル)		
	中規模	1,700UTI超、2,300UIT以下 (約313万9,000米ドル)		
ウルグアイ	零細	4人以下、200万UI (約24万8,000ドル) 以下	従業者数、年間売上額	2007年12月20日政令第504号により定義。ただし規模となる法令をもととした1991年法令第16201号および1992年政令第54/992号となる。1UIの2014年5月13日付金額は2.852ウルグアイペソ。同日付レートでは1米ドル=23.0ウルグアイペソ。
	小規模	5～19人、200万UI超～1,000万UI (約124万ドル) 以下		
	中規模	20～99人、1,000万UI超～7,500万UI (約930万ドル) 以下		
メルコスール (南米南部共同市場)	零細	(工業) 10人以下、40万ドル以下 (商業・サービス業) 5人以下、20万ドル以下	従業者数、年間売上額	MERCOSUR/GMC/RES. N°59/98「中小・零細企業支援方針」による。なお、基準項目は年間売上額上限で優先して適用。
	小規模	(工業) 11～40人、40万ドル超～350万ドル以下 (商業・サービス業) 6～30人、20万ドル超～150万ドル以下		
	中規模	(工業) 41～200人、350万ドル超～2,000万ドル以下 (商業・サービス業) 31～80人、150万ドル超～700万ドル以下		

(出所)　各国法令をもとに筆者作成。

洋経済社会委員会（ESCAP）の報告書は国際的に使われている代表的な中小・零細企業の定義の指標として「従業者数」「年間売上額」「投下資本」の3つを挙げている（ESCAP 2012, 13-14）。一方，ラテンアメリカ諸国をみると，表2-2の指標欄にあるとおり「従業者数」「年間売上額」が多く用いられている。ここで年間売上額に関連して基準単位について説明しておこう。ラテンアメリカでは売上額など金額を示す際に，特別な基準単位を採用する例が多い（表2-2ではチリのUF，コロンビアのSMLV，ペルーのUIT，ウルグアイのUI）[1]。基準単位を設けるのは，ラテンアメリカが過去に物価急騰や通貨価値変動を経験したためである。基準単位の採用は，頻繁に法令改正をせずとも中小・零細企業を定義する際の相対的市場価値を保ちやすいメリットがある。以上述べた指標のほかに，その業種別分類の有無，大，中，小，零細の境界線をどこに引くかでも国ごとに基準は異なる。

　最後に分類の仕方に地域ごと，国ごとの特徴はあるのかについてである。ラテンアメリカに共通してみられる興味深い特徴として指摘できるのは，規模の小さい企業ほど労働生産性が低いという前提で基準がつくられていることである。この点は従業者規模と年間売上額の2つの指標を設定して定義する国とメルコスールについて，従業者1人当たり売上額（年間売上額／従業者数）を試算すると明らかになる。同じ数字を，表2-1にあるEUについて算出してみると，零細，小規模，中規模ともに従業者1人当たり生産額においてちがいはない。実態を前提に基準がつくられていると考えれば，ここに本章でこれから述べるラテンアメリカの中小企業の抱える問題が示されているといえる。

2．1980年代から1990年代の中小企業

ECLACの中小企業研究プロジェクト

　冒頭で述べたように中小企業の定義は国によって異なり，統計整備の進展度も国ごとに異なる。そのこともあってラテンアメリカ地域を俯瞰した中小企業の分析や研究は数が少ない。そのようななかで重要と考えられる

のが，先述のECLACの報告書である。その総括論文にあたるペレスとストゥンポの論文（Peres and Stumpo 2000）は，ラテンアメリカ11カ国（アルゼンチン，ブラジル，チリ，コロンビア，コスタリカ，エクアドル，メキシコ，ニカラグア，ペルー，ウルグアイ，ベネズエラ）の，製造業における中小企業の1990年代の変化を，各国統計の比較検討により検証している。

ラテンアメリカは1982年対外債務累積問題の発生を契機に経済危機に陥った。経済立て直しのためにIMF・世銀の勧告に基づき各国政府が実施したのが，貿易自由化，外資規制の緩和，公企業民営化を3本柱とする経済改革だった。1980年代後半から1990年代前半にかけては，ラテンアメリカ各国で経済改革が推進された時期に当たる。経済改革が進展するなかで，中小企業が経済における位置づけをどう変化させたのかをみることができる。

中小企業は経済の重要アクター

まず，1990年代半ばにおいて各国製造業の生産と雇用に占める中小企業の比重について，ペレスとストゥンポは次の3点を指摘する。第1に生産，雇用の両面で中小企業はマージナルな存在とはいえず，とくに雇用面での重要性が大きいこと，第2に経済規模が小さい国ほど生産と雇用で中小企業の比重が高いというわけではなく，産業の技術特性によって小規模国でも大規模企業が大きな比重を占める業種が存在すること，第3に中小企業の生産と雇用に占める比率を比べると常に雇用における比率が高く，中小企業は大規模企業に比して労働生産性が低いことである。

さらに彼らは，中小企業の生産総額の製造業業種別分布をみた場合，比率の高い業種は国の経済規模により異なると指摘する。比率の高い業種を上位から挙げれば，大規模国のアルゼンチン，ブラジル，メキシコでは食品，化学製品，金属製品，繊維製品，機械，電気機械設備となり，中規模国のチリ，コロンビア，エクアドル，ペルー，ベネズエラでは食品，化学製品，金属製品，小規模国のコスタリカ，ニカラグア，ウルグアイでは食品，化学製品の順に並ぶ（Peres and Stumpo 2000, 1646-1647）。国の経済規模により業種にちがいが生じる理由として彼らが示唆するのは，産業構造

のちがいである。産業構造がより高度な大規模国は，中小企業の生産総額のなかで機械，電気機械設備の比率が高いと彼らは説明する。各国に共通する特徴は食品と化学製品の比率の高いことであった。彼らはこの2つの業種は国内を市場とするために，国内需要の動向により業績が大きく左右されると指摘する。

つぎに経済改革の影響をみるために，彼らは11カ国の製造業の中小企業について，経済改革の前と後での生産，雇用，労働生産性の変化を検討し，そこから次のような結論を導き出している。第1に中小企業はほとんどの国で生産額あるいはシェアを伸ばしており経済改革の敗者とは言い難いこと。第2に国により生産額の成長率に大きな差があること。第3に雇用の変化も国により異なり，雇用を減らした国が，維持あるいは増やした国より多いこと。第4に以上の2つの変化（生産額の伸びと雇用の減少）から労働生産性の改善がうかがえること。第5に業種レベルでは中小企業のシェアが増えている業種，減っている業種が存在し，その様相は国ごとに異なること，以上である。

最後に彼らは，大企業と中小企業の労働生産性を比較し，両者のあいだにはいまだに大きな格差が存在するが，アルゼンチン，チリ，メキシコなど一部の国ではその差が縮小したと述べる。

以上の指摘からうかがえるのは，国ごと，業種ごとにちがいがあるものの，経済改革のもとでも中小企業は地歩を失うことなく，経済アクターとして経済のなかで大きな比重を占め続けているという事実である。それを可能にした要因として彼らが挙げるのが，経済の安定と拡大という国内のマクロ経済環境の改善であった。中小企業はおもに国内市場向けに生産を行うために，経済の安定と拡大が中小企業の活動を活発化させたとの解釈である。経済改革による貿易自由化の影響については，中小企業全般に影響したといえず，その影響は業種によって異なると彼らは指摘する。

3．2000年代の中小企業

つぎに最近の統計資料によりながら，2000年代のラテンアメリカ主要

国の経済における中小企業の位置をみてみよう。

　中小企業統計の整備状況は国によりまちまちであり，筆者らが政府統計の存在を確認できたのは，ラテンアメリカ主要20カ国のうちアルゼンチン，ブラジル，チリ，コロンビア，コスタリカ，エルサルバドル，ホンジュラス，メキシコ，ペルー，ウルグアイの10カ国である。ただし国により捕捉基準や分類基準の相違，情報の精粗があるために，比較が可能なのはアルゼンチン，ブラジル，メキシコ，コロンビアの4カ国にとどまる。本章ではエルサルバドルは取り上げず，残る5カ国についても資料による把握が可能な場合にのみ検討に含める。なお10カ国の中小企業統計の編纂機関，名称は章末の補論に示した。

圧倒的多数を占める零細企業

　最初にペレスとストゥンポが分析対象から外した零細企業について述べておきたい。ラテンアメリカの企業のなかで数において圧倒的比重を占めるのは零細企業である。経済のなかで零細企業がどれくらいの比重を占め，どのような産業に集中しているのかをみてみよう。

　表2-3はラテンアメリカ9カ国について規模別業種別の企業（メキシコとコロンビアは事業所）分布を比率で示したものである。なお，数のうえで圧倒的比重を占める零細企業のほとんどは単一事業所と考えられるため，企業単位で捕捉しても比率は大きく変わらないと考えられる。表には比較のために日本の比率も示した。前節で述べたように零細企業の定義は国によって異なるが，従業者数10人を目安に零細と小規模を区分している国が多い。表によれば10人未満の企業あるいは零細企業が，最小で全体の76.7%（チリ），最大では97.5%（コロンビア）をも占める（規模区分が大きく異なるコスタリカを除く）。ちなみに，企業全体のなかで零細企業の比率が高いのはラテンアメリカに限ったことではない。たとえばOECDとECLACによる報告書（OECD and ECLAC 2012）は，ラテンアメリカ諸国と比較のためにドイツ，スペイン，フランス，イタリアの規模別企業分布を示しているが，それによればこれら諸国とラテンアメリカ諸国のあいだで零細企業の比率に大きな差はない（OECD and ECLAC 2012, 48）。一方

表 2-3 ラテンアメリカ 9 カ国の規模業種別企業分布

(%)

国名	従業者規模	製造業	卸売・小売業、自動車・オートバイ・家財修理業、宿泊・飲食サービス業	運輸・保管業および情報通信業	金融・保険業	不動産業、レンタル業、専門・科学・技術サービス業	医療および社会福祉事業、その他のサービス業	合計
ブラジル (2012年)	～9人	6.8	47.4	7.0	1.5	14.3	11.6	88.6
	10～49人	2.0	5.0	0.7	0.1	1.3	0.9	9.9
	50～249人	0.4	0.4	0.1	0.0	0.2	0.1	1.2
	250人～	0.1	0.1	0.0	0.0	0.1	0.0	0.3
	合計	9.3	52.8	7.8	1.6	15.9	12.6	100.0
メキシコ (2008年)	～10人	12.9	69.2	0.6	0.5	4.1	8.0	95.3
	11～50人	0.7	2.0	0.2	0.1	0.3	0.4	3.8
	51～250人	0.2	0.3	0.1	0.0	0.0	0.1	0.8
	251人～	0.1	0.1	0.0	0.0	0.0	0.0	0.2
	合計	13.9	71.6	0.9	0.6	4.4	8.6	100.0
コロンビア (2005年)	～10人	8.2	62.0	6.7	1.2	5.2	14.2	97.5
	11～50人	0.5	0.9	0.2	0.1	0.1	0.3	2.1
	51～200人	0.1	0.1	0.0	0.0	0.0	0.1	0.3
	201人～	0.0	0.0	0.0	0.0	0.0	0.0	0.1
	合計	8.8	63.0	6.9	1.4	5.4	14.6	100.0
アルゼンチン (2003年)	～10人	9.5	57.2	3.4	0.9	8.4	15.0	94.5
	11～50人	1.6	2.0	0.2	0.1	0.3	0.5	4.5
	51～100人	0.2	0.1	0.0	0.0	0.0	0.1	0.5
	101人～	0.2	0.1	0.1	0.0	0.1	0.1	0.5
	合計	11.5	59.4	3.7	1.0	8.8	15.6	100.0
ペルー (2012年)	零細企業	10.6	51.5	8.0	0.2	13.3	10.8	94.3
	小規模企業	0.7	2.5	0.6	0.0	0.9	0.3	4.9
	中規模企業	0.0	0.1	0.0	0.0	0.0	0.0	0.2
	大規模企業	0.1	0.3	0.1	0.0	0.1	0.0	0.6
	合計	11.4	54.3	8.7	0.3	14.3	11.1	100.0

第 2 章　ラテンアメリカ経済における中小企業の位置

国名	従業者規模	製造業	卸売・小売業、自動車・オートバイ・家電修理業、宿泊・飲食サービス業	運輸・保管業および情報通信業	金融・保険業	不動産業、レンタル業、専門・科学・技術サービス業	医療および社会福祉事業、その他のサービス業	合計
チリ (2012年)	零細企業	8.3	42.6	9.4	2.9	8.4	5.2	76.7
	小規模企業	2.8	8.1	2.2	1.7	3.0	1.2	19.0
	中規模企業	0.5	1.2	2.4	0.4	0.5	0.1	5.0
	大規模企業	0.3	0.6	0.1	0.3	0.2	0.0	1.5
	合計	11.9	52.5	11.9	5.1	12.1	6.5	100.0
ホンジュラス (2000年)	～9人	13.7	60.5	1.3	0.6	8.7	8.3	93.1
	10～49人	0.8	2.1	0.3	0.1	0.3	1.9	5.6
	50～199人	0.2	0.2	0.7	0.0	0.1	0.6	1.0
	200人～	0.1	0.0	0.0	0.0	0.0	0.2	0.3
	合計	14.7	62.8	1.6	0.8	9.2	10.9	100.0
コスタリカ (2013年)	1～5人	6.3	42.1	3.5	0.6	6.9	11.7	71.2
	6～30人	3.5	12.6	1.7	0.5	1.8	1.8	21.9
	31～100人	1.1	2.1	0.7	0.2	0.4	0.3	4.8
	101人～	0.7	0.7	0.3	0.1	0.2	0.1	2.2
	合計	11.6	57.5	6.3	1.4	9.3	13.9	100.0
ウルグアイ (2013年)	1～4人	9.0	43.3	10.9	1.4	13.5	5.4	83.6
	5～19人	2.5	6.5	1.6	0.2	1.4	1.0	13.1
	20～99人	0.6	1.3	0.3	0.0	0.2	0.3	2.8
	100人～	0.2	0.1	0.0	0.0	0.0	0.1	0.5
	合計	12.3	51.2	12.9	1.7	15.2	6.8	100.0
日本 (2012年)	小規模事業所	8.8	29.8	2.9	1.5	11.0	17.6	71.6
	中規模事業所	1.6	14.4	1.4	0.4	1.6	8.0	27.3
	大規模事業所	0.1	0.6	0.0	0.0	0.0	0.4	1.1
	合計	10.4	44.8	4.3	1.9	12.7	26.0	100.0

(出所) 巻末附表1をもとに筆者作成。
(注) ペルー、チリの企業規模の定義は表2-2、日本の定義は補論1参照。

日本については，統計分類では零細企業の項目はない。表の小規模企業の比率71.6％のなかに零細企業も含まれていると考えると，他国と比較して零細企業の比率が低いことが日本の特徴といえる。ただし欧州4カ国とラテンアメリカ9カ国で零細企業の比率に大きな差はないといっても，統計上の問題としてラテンアメリカの場合は，政府が捕捉できていない膨大なインフォーマル部門が存在することがある（インフォーマル部門については第1章第2節を参照）。表2-3のチリ，ペルー，ブラジル，ウルグアイ，コスタリカの数字はインフォーマル部門を含んでいない。また悉皆調査であるはずの経済センサスも，すべての経済活動を網羅しているとは言い難い。たとえばメキシコの経済センサスは零細事業者が多いと推定される都市の旅客輸送業やタクシーを対象に含んでいない。仮にインフォーマル部門を含めれば，ラテンアメリカの零細企業の比率はさらに上昇すると考えられる。ちなみに，チリの場合，2012年にフォーマル部門の企業62万8000に対し，インフォーマル部門の事業所は70万8000に上った（SERCOTEC 2013, 16）。

つぎに零細企業の業種分布をみてみよう。表2-3に示すように，卸売・小売業，自動車・オートバイ・家財修理業，宿泊・飲食サービス業が，最小で全体の42.6％（チリ）から最大で69.2％（メキシコ）の幅で高い比率を占めている（規模区分が大きく異なるコスタリカを除く）。物品販売，修理，調理など大きな元手や高い技術がなくても参入でき，参入障壁が低いために競争が厳しく収益性も低い業種に零細企業がひしめいている状況が想像できる。

階層構造の両極に集中する雇用

企業数でみると零細企業は圧倒的比重を占めるが，従業者数でみると様相は一変する。表2-4にラテンアメリカ5カ国と日本について規模別業種別の従業者分布を示した。表から次の点が読み取れる。

第1に零細企業と大規模企業，つまり企業階層構造の両極へ従業者が集中している点である。全従業者数に占める中小企業，とくに中規模企業の比率は6.9％（アルゼンチン）から16.9％（コスタリカ）と非常に低い。そ

れに対し日本は中規模事業所が全従業者数の53.2%を占め，企業階層構造の中間が厚いのが特徴といえる。第1章で述べたように，OECD諸国と比較してラテンアメリカ諸国の賃金の企業規模別格差は非常に大きい。両極に集中する雇用と両極間での大きな賃金格差が，ラテンアメリカに特徴的な著しい所得格差を生み出しているといえる。

　第2に，企業数で圧倒的比重を占める卸売・小売業，自動車・オートバイ・家財修理業，宿泊・飲食サービス業が，従業者数では比率を下げることである。表2-4にあるラテンアメリカ5カ国について述べれば，企業数では最小で全体の52.8%（ブラジル）から最大の71.6%（メキシコ）のあいだに分布するのに対し，従業者数では最小で全体の36.5%（ブラジル）から最大で51.2%（コロンビア）へと下がる。どの規模で企業数と従業者数の比率の乖離が大きいかをみると，最も大きいのが零細企業となる。同業種において零細企業の従業者数の比率は，最小で全体の6.2%（コスタリカ，企業数の比率では42.1%，ただし従業者5人以下）から最大で36.4%（コロンビア，同62.0%）と大きく下がる。

　第3に製造業は，卸売・小売業，自動車・オートバイ・家財修理業，宿泊・飲食サービス業とは反対に，従業者でみた比率が企業数でみた比率より高いことである。表2-4にあるラテンアメリカ5カ国について述べれば，企業数では最小で全体の8.8%（コロンビア）から最大の13.9%（メキシコ）であるのが，従業者数では最小の20.2%（コロンビア）から最大の28.1%（コスタリカ）と比率が高い。その要因として，製造業は分業のメリットが働きやすく，生産設備の最少最適規模が大きいために，雇用創出力が相対的に高いことが考えられる。規模別にみると，製造業における中小企業の従業者数は，平均値ではいずれの国も卸売・小売業，自動車・オートバイ・家財修理業，宿泊・飲食サービス業における中小企業の従業者数より多い。この事実は雇用の創出，格差構造の是正のためには，製造業の中小企業育成が有効であることを示唆する。

31

表 2-4 ラテンアメリカ 5 カ国の規模別業種別従業者の分布

(%)

	従業者規模	製造業	卸売・小売業、自動車・オートバイ・家財修理業、宿泊・飲食サービス業	運輸・保管業および情報通信業	金融・保険業	不動産業、レンタル業、専門・科学・技術サービス業	医療および社会福祉事業、その他のサービス業	合計
ブラジル (2012年)	～9人	2.6	15.4	2.0	0.4	4.3	2.5	27.2
	10～49人	4.8	10.6	1.6	0.2	2.8	2.0	22.0
	50～249人	4.7	4.0	1.6	0.3	2.3	1.5	14.4
	250人～	11.1	6.5	4.6	1.8	7.3	5.0	36.4
	合計	23.3	36.5	9.8	2.7	16.7	11.0	100.0
メキシコ (2008年)	～10人	5.9	27.7	0.4	0.3	3.0	7.7	45.0
	11～50人	2.6	6.9	0.9	0.2	1.6	1.9	14.1
	51～250人	4.4	6.0	1.4	0.1	2.0	0.8	14.7
	251人～	12.7	2.6	2.9	2.2	5.5	0.6	26.4
	合計	25.6	43.2	5.6	2.6	12.1	10.9	100.0
コロンビア (2005年)	～10人	7.7	36.4	2.3	0.7	2.2	4.8	54.2
	11～50人	3.8	6.3	1.3	0.9	1.2	2.6	16.0
	51～200人	3.1	3.3	1.3	0.6	1.1	2.1	11.5
	201人～	5.6	5.2	1.9	0.7	2.0	3.0	18.4
	合計	20.2	51.2	6.8	2.9	6.5	12.5	100.0
アルゼンチン (2003年)	～10人	5.9	23.4	1.6	0.3	3.0	4.4	38.5
	11～50人	6.4	7.5	0.9	0.2	1.1	2.0	18.1
	51～100人	3.0	1.8	0.5	0.1	0.6	0.8	6.9
	101人～	12.4	6.0	4.9	3.3	5.0	5.0	36.5
	合計	27.6	38.6	7.9	4.0	9.7	12.2	100.0

第2章 ラテンアメリカ経済における中小企業の位置

	従業者規模	製造業	卸売・小売業、自動車・オートバイ・家財修理業、宿泊・飲食サービス業	運輸・保管業および情報通信業	金融・保険業	不動産業、レンタル業、専門・科学・技術サービス業	医療および社会福祉事業、その他のサービス業	合計
コスタリカ (2013年)	1～5人	0.9	6.2	0.4	0.1	0.9	1.4	10.0
	6～30人	3.2	10.4	1.7	0.5	1.6	1.5	18.9
	31～100人	4.0	7.2	2.8	0.6	1.3	1.1	16.9
	101人～	20.0	17.2	6.9	3.9	4.5	1.8	54.2
	合計	28.1	41.0	11.7	5.0	8.2	5.9	100.0
日本 (2012年)	小規模事業所	4.5	7.5	1.6	1.0	2.6	4.2	21.5
	中規模事業所	9.0	19.9	6.2	1.5	2.5	14.1	53.2
	大規模事業所	5.1	7.2	2.1	0.7	1.2	9.0	25.3
	合計	18.6	34.6	9.9	3.2	6.3	27.4	100.0

(出所) 巻末附表2をもとに筆者作成。
(注) 日本の企業規模の定義は表2-1参照。

4. 2000年代の製造業の中小企業

　それでは製造業において中小企業（零細企業を除く）はどのような位置を占めているのだろうか。アルゼンチン，ブラジル，メキシコ，コロンビアの4カ国について，前述のペレスとストゥンポが指摘した1990年代の状況を念頭におきながら，2000年代の変化をみてみたい。なお，ペレスとストゥンポは零細企業を検討対象から外しているために，本節でも零細企業を検討に含めていない。

　表2-5に4カ国について製造業における中小企業の従業者の業種別分布を示した。ペレスとストゥンポも製造業中の中小企業の比重が高い業種を検討しているが，注意を要するのは，彼らが検討したのが生産額の分布であるのに対し，本節で検討するのは従業者の分布である点である。業種により労働生産性が異なると推定されるため，厳密な比較はできないが，国ごとの変化の方向性のちがいをみることができる。

　まず大規模国のアルゼンチン，ブラジル，メキシコについて指摘できるのは，中小企業のなかで比較的従業者が集中する業種として，第1に食品・飲料・たばこ，第2に金属製品が並ぶことである。1990年代から引き続きこの2つの業種が中小企業の主要活動業種であることを示唆する数字といえる。さらに，1990年代の状況としては指摘されていない特徴として，ブラジルとメキシコで縫製業の中小企業従業者が高い比率を示していることである。

　中規模国のコロンビアについて指摘できる点は，1990年代に生産額が集中していた食品・飲料・たばこが，2000年代も従業者数で高い比率を維持していることである。この業種が引き続き中小企業の主要活動業種であり続けていることを示唆する。一方，コロンビアでも，縫製が2番目に従業者が集中する業種となっている。

　ブラジル，メキシコ，コロンビアに共通する新しい動きとして指摘できるのは，中小企業の活動業種として縫製業の重要性が高まったことであった。1990年代以降，世界のアパレル産業において賃金コストの安い発展

表 2-5 製造業中小企業の従業者の業種別の分布

業種	アルゼンチン (2003年)	ブラジル (2012年)	メキシコ (2008年)	コロンビア (2005年)
食品・飲料・たばこ	24.0	12.6	18.0	25.4
繊維	4.3	3.8	4.1	7.9
縫製	5.3	14.3	10.3	13.9
木材・木製品	4.1	4.0	2.1	3.5
家具・装備品製造業	3.5	5.2	4.8	8.2
パルプ・紙・紙加工品	2.9	2.3	3.1	1.9
印刷・その関連	5.5	2.2	4.3	3.4
化学製品	7.1	4.4	6.1	5.5
石油製品・石炭製品	0.2	0.4	0.4	0.7
プラスチック・ゴム製品	7.6	7.3	8.6	6.6
なめし革・同製品・毛皮	3.1	5.3	5.6	6.9
窯業・土石製品	3.5	8.8	5.0	1.4
鉄鋼・非鉄金属	2.3	2.1	2.1	3.7
金属製品	9.9	10.0	9.7	3.8
一般機械器具	7.2	6.6	3.3	2.8
電気機械器具	2.2	2.5	2.4	1.1
情報通信機械器具・電子部品・デバイス・精密機械器具	1.7	1.6	2.0	1.4
輸送用機械器具	5.7	3.6	4.6	1.8
その他	0.0	3.0	3.7	0.0
製造業合計	100.0	100.0	100.0	100.0

(出所) 巻末附表 3, 4, 5, 6 をもとに筆者作成。

途上国の縫製業を取り込んだグローバルバリューチェーン (GVC) の形成が進んだ。3 カ国の中小企業の活動業種としての縫製業の比重増大も，この動きに対応したものである可能性が考えられる。

つぎに上記 4 カ国について，製造業の業種別の企業 (事業所) 規模別分布を，小規模企業，中規模企業，大規模企業に分けてみてみよう。図 2-1

図 2-1　ラテンアメリカ 4 カ国の製造業

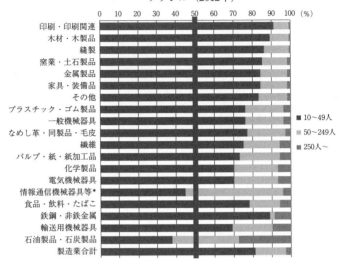

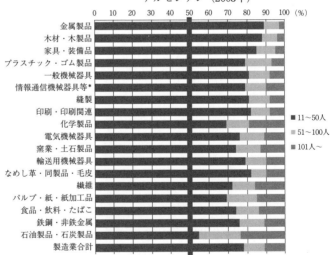

(出所)　各国の統計データをもとに筆者作成。
(注)　*情報通信機械器具等は，電子部品・デバイス・精密機械器具を含む。

第 2 章 ラテンアメリカ経済における中小企業の位置

における規模別業種別企業（事業所）分布

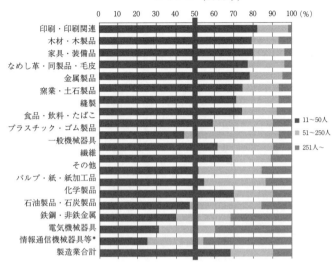

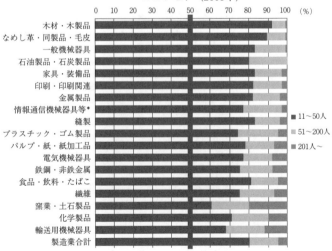

図 2-2　ラテンアメリカ 4 カ国の

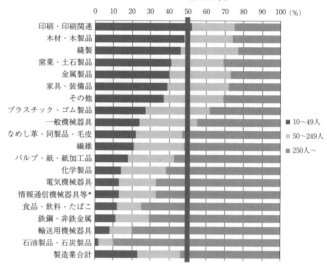

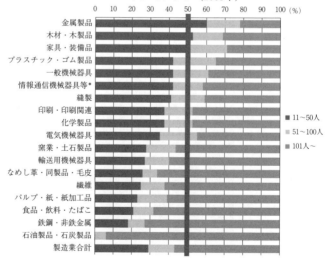

（出所）　各国の統計データをもとに筆者作成。
（注）　＊情報通信機器具等は，電子部品・デバイス・精密機械器具を含む。

第2章 ラテンアメリカ経済における中小企業の位置

製造業における規模別業種別従業者分布

メキシコ（2008年）

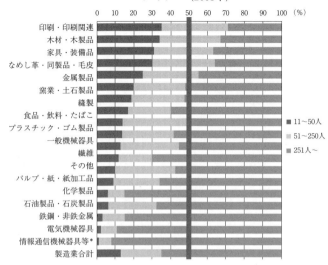

コロンビア（2005年）

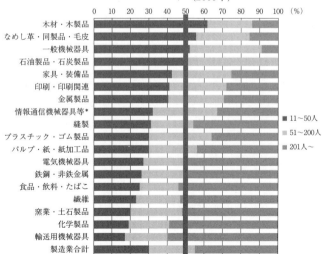

は企業数（メキシコ，コロンビアについては事業所数）の分布を，図2-2では従業者数の分布を示している。業種は国ごとに上から従業者数で小規模企業の比率が高い順に並べてある。つまりグラフの上に位置する業種ほど小規模企業の従業者の比重が高く，下に位置する業種ほど大規模企業の比重が高い。図の理解を助けるために50％の位置に太線を引いている。

図2-1と図2-2から次の点が読み取れる。

第1に，製造業全体でみると4カ国とも中小企業が企業数（事業所数，図2-1）で圧倒的比重を占めるが，従業者数（図2-2）では大規模企業がブラジル，メキシコ，アルゼンチンでは過半，コロンビアでは過半近くを占めることである。ペレスとストゥンポは1990年の状況として中小企業は雇用面でマージナルな存在ではないと論じた。中小企業は2000年代においてもマージナルな存在とはいえないものの，重要性は大規模企業が勝る。

第2に，食品・飲料・たばこに注目しよう。中小企業の雇用が集中する業種と上に述べたが，図2-2が示すように従業者数では大規模企業が勝る。つまりこの業種は中小企業のみならず大規模企業の活動業種でもあり，競争の厳しい業種であるといえる。

第3に，それではどのような業種がもっぱら中小企業の活動業種といえるか。図2-1，図2-2で各国の上位に位置する業種ほど，企業数でみても，従業者数でみても，中小企業の比重が高い業種である。4カ国に共通して登場する業種は，木材・木製品，家具・装備品である。業種の並び方は4カ国で似通っているが，国ごとに上下の位置が若干異なる。

第4に，先に新たに成長したと考えられる縫製業であるが，国ごとに企業規模の構成が異なる。ブラジルは中小企業が企業数でも従業者数でも大きな比重を占めるのに対し，メキシコ，コロンビアはブラジルに比較して大規模企業の比重が大きい。

第5に，第1点で述べたように企業数ではいずれの国も中小企業の比重が大きいが，業種別にみると国によってちがいがある。図2-1にみるように，アルゼンチンとコロンビアではいずれの業種も小規模企業が50％以上を占めるのに対し，ブラジルとメキシコでは中規模企業と大規模企業が50％以上を占める業種がある。ブラジルでは「情報通信機械器具，電子部

品・デバイス，精密機械器具」と「石油製品・石炭製品」，メキシコでは「一般機械器具」「鉄鋼・非鉄金属」「電気機械器具」「輸送用機械器具」「情報通信機械器具，電子部品・デバイス，精密機械器具」がそのような業種に該当する。図2-2で従業者数をみると，いずれも中大企業が圧倒的比重を占める。注目されるのはこれらの業種では中規模企業の数が多いことである。これらは外資，あるいは政府資本主導で2000年代以降に成長した業種に当たる（中畑2014；二宮2011）。

第6に，ブラジル，メキシコはアルゼンチン，コロンビアと比較して企業数でみると全体的に中規模企業の比重が大きいことである。アルゼンチンは大規模企業の定義が101人以上，コロンビアは201人以上なので，大規模企業の一部にブラジル，メキシコの定義による中規模企業が含まれるが，それを含めて考えても，中規模企業の比重がブラジル，メキシコより小さいことは否めない。

ブラジル，メキシコの中規模企業層が厚い理由としては，次のような点が考えられる。1つに両国は国民経済規模が大きいために，規模の経済が働く業種において企業が成長しやすいことがある。もう1つに，第5点で挙げた2000年代以降に外資・政府資本主導で成長した業種については，成長の波及効果が中規模企業にも及んだ可能性が考えられる。

おわりに

以上の作業から何がいえるのか。

まず最初に断らなければならないのは，ラテンアメリカの中小・零細企業を把握することは対象の数の多さ，多様さ，資料的制約から難しいという点である。そのため大雑把な概要であっても，把握できる国の数は限られる。本章で可能であったのも，限られた国についての大雑把な把握であった。この作業から明らかになった点として，次の2つを指摘したい。

第1に，いずれの国にも共通するのは，際立った格差の企業階層構造が存在することである。企業数で圧倒的比重を占めるのは階層構造の下層を占める零細企業である。さらにその下には政府が捕捉できない膨大なイン

フォーマル部門の事業者が存在する。一方，従業者は企業階層構造の両極に集中している。企業数においても従業者数においても，中小企業，とくに中規模企業は層が薄い。しかも企業規模によって労働生産性，賃金に大きな格差が存在し，政府も格差の存在を前提に中小企業の定義を定めている。このような企業階層構造を前提とすれば，政府の中小企業政策は，企業振興のみならず，雇用確保の観点から零細・インフォーマル部門に向けた社会政策の側面をもたざるを得ないだろう。この点は政府の中小企業政策を扱う第5章での検討事項でもある。

　第2の点は，1990年代以降，経済グローバル化のもとで国際的な産業組織の再編が進行するなかで，ラテンアメリカでは世界市場に統合された産業クラスターやグローバルバリューチェーンの形成がみられたが，その波及効果が中小企業にも及んでいるとみられることである。1990年代と比較して2000年代には中小企業の活動業種としてメキシコ，ブラジル，コロンビアでは縫製業の重要性が増している，メキシコやブラジルで情報通信機器や自動車など組み立て型機械工業において中規模企業が数において高い比率を占めるようになっているなど，本章で指摘した事実がそのことを示唆している。産業クラスターやグローバルバリューチェーンと中小企業の関係については第3章において詳細に検討する。

補論1．日本の中小企業の定義

　参考のために日本の中小企業の定義について述べておこう。日本の「中小企業」の定義は中小企業基本法に基づき，従業者数または資本金額（あるいは出資の総額）を指標に規定している（表2-1参照）。さらに業種別に「製造業その他」「卸売業」「小売業」「サービス業」の4つに区分され，具体的には，「製造業その他」において資本金の額または出資の総額が3億円以下の企業または常時使用する従業者の数が300人以下の企業および個人，「卸売業」において資本金の額または出資の総額が1億円以下の企業または常時使用する従業者の数が100人以下の企業および個人，「小売業」において資本金の額または出資の総額が5000万円以下の企業または常時

使用する従業者の数が50人以下の企業および個人,「サービス業」において資本金の額または出資の総額が5000万円以下の企業または常時使用する従業者の数が100人以下の企業および個人となっている。なお,日本の定義では上述の「中小企業者」の範囲のなかで「小規模事業者」の定義を設けている。ここでは従業者数のみを指標とし,「製造業その他」で従業者の数が20人以下,「商業・サービス業」で同5人以下と定めている。小規模事業者とは,経済産業省が発行する中小企業白書では小規模企業あるいは零細企業を指して使われている。

補論2. ラテンアメリカの統計事情

表2-6は,筆者らが存在を確認できた中小企業に関する数字を収録する統計の一覧である。表の統計はデータの捕捉方法のちがいから2つに分類できる。1つは経済センサスで,アルゼンチン,コロンビア,メキシコの統計がそれにあたる。悉皆調査であるために最も実態に近いといえるが,頻繁には実施できないため,データとして古いのが難点である。もう1つの方法が残り7カ国が実施する企業へのアンケート調査である。アンケート対象は納税登録簿から抽出する場合が多い。登録簿の性格上インフォーマル部門は含まれていないことから,補捉対象が経済センサスより狭い点が難点である。ただし経済センサスであってもインフォーマル部門が補捉されているとは言い難い。固定した作業場をもたない事業所,たとえば個人タクシーや都市部の旅客輸送業,移動店舗,仮設店舗などは捕捉されない。一方,フォーマル部門であっても統計が補捉する経済活動は表からも明らかなように,国によって異なる。このような理由から,ラテンアメリカの中小企業を統計により把握するには困難が伴う。

【注】
(1) 基準単位は,消費者物価指数の変化に合わせて,政府機関(中央銀行,政府統計局など)が定期的(毎月,毎年)に改訂する。企業規模のみならず,債務,課税,関税,罰金などさまざまな価額のインフレ調整の指標として用いられている。

表 2-6　ラテンアメリカ主要国の中小企業に関する統計資料

国名	統計資料名	捕捉する範囲
アルゼンチン	Instituto Nacional de Estadística y Censos (INDEC), *Censo Nacional Económico 2004/2005*	調査実施年は 2003 年。対象業種に農牧畜林業は含まない。建設業、トラック輸送業も別のセンサス調査がカバーするために含まない。調査対象地域は人口 1,000 人以上の自治体。
ブラジル	Instituto Brasileiro de Geografia e Estatística (IBGE), *Estatísticas do cadastro central de empresas 2010-2011*	毎年発表。連邦州税局の納税者番号を企業単位のベースとし、労働雇用省の統計 RAIS や IBGE が実施した電話インタビューなどで実態として経済活動があるとみなされた企業および公共機関や非営利団体などの組織を対象とした調査。インフォーマル部門、活動実態のないフォーマル部門の企業は含まない。
チリ	Ministerio de Economía Fomento y Turismo, *La situación de la micro y pequeña empresa en Chile 2013*	毎年発表。納税者登録のデータをもとに編纂。フォーマル部門のみ対象。インフォーマル部門については社会開発省によるアンケート調査に基づき推計し、インフォーマル、フォーマルの両部門をあわせた表も収録。
コロンビア	Departamento Administrativo Nacional de Estadística (DANE), *Censo General 2005*	人口センサスの一部に経済活動に関わるデータを収録。製造業、商業、サービス業以外は含まない。
コスタリカ	Instituto Nacional de Estadística y Censos (INEC), *Directorio de Empresas y Establecimientos, 2013*	2010 年から企業登録をもとに毎年発表。すべての企業を捕捉してはいないが、捕捉企業数で最大。簡単な従業者数規模別の企業数、従業者数、活動業種の分布がわかる。
エルサルバドル	Dirección General de Estadísticas y Censos (DIGESTYC), *Directorio de unidades económicas 2011-2012*	対象地域は 14 州の 262 自治体。都市部は 100%、地方は経済活動が活発とみられる地域を補捉。農牧畜林漁業、行政、移動性の事業、NGO、家内活動は含まない。
メキシコ	Instituto Nacional de Estadística y Geografía (INEGI), *Censos económicos 2009*	5 年ごとに実施する経済センサス。農業牧畜林業、都市部バス輸送、タクシー、家事従事者を雇用する世帯は含まず。
ペルー	Ministerio de la Producción, *MIPYME 2012, Estadísticas de la micro, pequeña y mediana empresa*	毎年発表。税務当局の情報と労働・雇用促進省が実施する家計に関する全国調査の結果をもとに編纂。インフォーマル部門を含まない。金融部門、行政部門、家事従事者を雇用する世帯、社会福祉サービス部門は含まない。
ウルグアイ	Instituto Nacional de Estadística (INE), *Encuesta anual de actividad económica 2013*	毎年発表。納税者登録をもとにサンプル企業を抽出しアンケート調査を実施。フォーマル部門のみ対象。農業、製造業、建設業、家事従事者を雇用する世帯は含まない。
ホンジュラス	Instituto Nacional de Estadística (INE), *Directorio de Establecimientos Económicos 2000*	2000 年にホンジュラス中央銀行が実施した企業調査。捕捉地域は人口 5,000 人以上の 50 自治体と、5,000 人未満の 7 自治体。金融部門、保税加工業、行政部門、農業、移動性の事業は含まず。

(出所)　筆者作成。

第 3 章

ラテンアメリカの中小企業と産業クラスター

リマ市ガマラ区のアパレル問屋街　　　　　　　　　　（2014 年 8 月，清水達也撮影）

本章で取り上げた産業クラスターの位置

はじめに

　中小企業は大企業に比べて規模が小さく経営資源が少ないため，規模の経済を活用したコスト削減や研究開発を生かした技術革新による競争力の向上が難しいといわれる。確かにそれぞれが孤立して存在すれば，中小企業はさまざまな制約に直面することになる。しかし近年のラテンアメリカには，さまざまな制約を乗り越えて成長している中小企業の事例も多くみられる。

　これらの企業の多くは，関連する産業に従事する企業，団体，機関が集まる産業クラスターのなかに立地している。個々の企業がクラスター内部でネットワークを築いて協力し，さらに外部の企業と結び付く。これにより，産業クラスターを構成する多くの中小企業が個々に成長するだけでなく，産業クラスター全体が発展し，さらに多くの企業を外部から引きつけるようになる。つまり産業クラスターに属することで，中小企業が単独では乗り越えられない制約を克服できる。

　本章では，ラテンアメリカで注目を集めているいくつかの産業クラスターの事例を取り上げ，なぜそれらが発展したのか，クラスターに属する企業はどのようにして制約を克服したのかを説明する。ただし，注目を集めている産業クラスターがすべての面において成功を収めているわけではない。産業クラスターを構成する中小企業をみると，生産や販売の量は拡大しても，必ずしもより多くの付加価値を生み出していない場合もある。ここでは課題も含めて，ラテンアメリカの事例を検討する。

　具体的な事例の説明に入る前に，ダイナミックな産業クラスターの事例を理解するうえで役に立つキーワードについて第1節で解説する。産業クラスターについては，先進国はもちろんのこと，工業化に成功したアジアの国々を中心とした開発途上国を対象とする数多くの研究がある。これらの研究蓄積のなかから，「集団効率性」や「グローバルバリューチェーン」などのキーワードを取り上げ，産業クラスターの発展における役割について説明する。続く第2節では，ラテンアメリカのダイナミックな産業クラ

スターの事例を取り上げ，これらのキーワードを用いて説明する。

1．産業クラスターを理解するキーワード

ダイナミックな産業クラスターについて説明するためにまず，「産業クラスター」という用語そのものを取り上げる。そして，産業クラスターの競争力を高める要因である「集団効率性」と，これを生み出す「外部経済性」と「共同行動」について説明する。つぎに，製品の供給にかかわる活動を指す「バリューチェーン」と，競争力向上のために国境を越えて形成される「グローバルバリューチェーン」（GVC）を取り上げる。そしてGVCの特徴やそこに参加する企業の発展を説明するために用いられる「統治構造」や「アップグレード」という用語についても説明する。

企業や組織が集中する産業クラスター

特定の産業に関連する企業が地理的に集中することを指す言葉として産業集積という用語がある。産地，地場産業，地域産業という用語も用いられるが，それぞれは産業集積を場所，産業，地域という視点からみたものである。産業クラスターも基本的には同じ現象を指す言葉であるが，構成する個々の企業の成長や特定の地域における産業の発展に注目する場面で使われることが多い。

ハーバードビジネススクールのマイケル・ポーターは産業クラスターを，特定の分野における互いにつながりをもつ企業や組織が地理的に集中した状態と定義している（Porter 1998, 78）。製造業のクラスターを例として考えると，製品のメーカー，そのメーカーに製造機械，原材料，部品などを供給するサプライヤー，製品の流通や販売を担う物流，卸売，小売業者，補完的な製品を製造する企業，企業をとりまとめる業界団体，産業振興に取り組む行政機関，研究開発や人材養成に取り組む工業試験機関，職業訓練機関，大学など，その製造業に関する企業，団体，機関が地理的に集中して立地する現象を指す（図3-1）。

ここで重要なのが関連する産業の企業，団体，機関が地理的に集中する

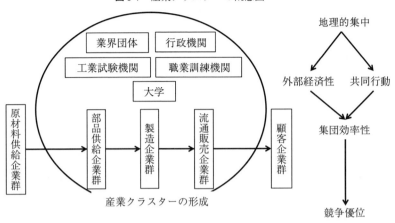

図 3-1　産業クラスターの概念図

（出所）　筆者作成。
（注）　供給，製造，顧客企業群の結びつきは単純化した。競争優位を生む要因には，立地以外の外部要因と企業の内部要因もある。

ことで生まれるメリットである。産業や企業の競争力を向上するには，以前は投入財のコストを下げることが重要であった。そのために，原材料や労働力などの生産要素が安く入手できる場所に立地した産業や企業が競争力をもった。つまり，ほかの場所よりも生産要素が安く調達できるという条件が，産業や企業にとって競争力の源泉となった。しかしグローバル化が進展し，世界中から生産要素を調達することが可能になると，安く調達できるという立地はさほど重要ではなくなった。

　その代わりに重要となったのが，絶え間ない生産性の向上や付加価値の創出が生み出す競争力である。ポーターはこれを競争優位（competitive advantage）と呼んでいる。競争優位を生み出すためには企業内部の要因が重要である。しかし外部条件も競争優位を左右する。そしてその外部条件の1つが企業の立地である。企業は産業クラスターに立地することで，競争優位を獲得しやすくなる。

外部経済性と共同行動

　産業クラスターに立地することで競争優位を高めることができるのは，集中して立地することで生産性が高まるからである。これを集団効率性（collective efficiency）と呼ぶ。とくに規模の小さな中小企業は集団効率性によって大きな利益を得ることができる。集団効率性が生まれるメカニズムには，外部経済性と共同行動（joint action）の2つがある（Schmitz 1995; Pietrobelli and Rabellotti 2006; 岸本 2010）。前者は同じ業種の企業が集中する産業クラスターに立地するだけで得られ，受動的に利益を享受できる。一方後者は，単に立地しただけでは得られず，企業が積極的に取引相手，業界団体，公的機関との関係を深めるなど，能動的に行動を起こすことで生まれる利益である。

　まず外部経済性についてみてみよう。産業クラスターにおける外部経済性とは，関連する産業の企業などが集まることで，個別の企業が費用を払わなくても得られる利益である。質の高い生産要素を安い価格で手に入れることができることもその1つである。たとえば労働力の場合，特定業種の熟練労働者を一般の労働市場で探すのは容易ではない。しかし産業クラスターにおいてその技能を必要とする企業が多数あれば，その技能をもった人材の方が仕事を求めてクラスターへ集まってくる。そうすれば企業は豊富な人材のなかから自社の需要に合った熟練労働者をみつけるのが容易になる。原材料などの生産要素に限らず，販売先についても外部経済性が働く（Pietrobelli and Rabellotti 2006, 6-7）。

　このように外部経済性は，企業が産業クラスターのなかに立地するだけで享受できる利益である。しかし産業クラスターの事例研究を検討すると，外部経済性だけでは不十分である。これに加えて共同行動が伴うことで，ダイナミックな産業クラスターとして発展することが可能になる。

　共同行動とは，産業クラスターに集まる企業やさまざまな組織が，垂直的・水平的に結び付いて共同で行動を起こすことを指す。たとえば，同業の企業同士のほか，製造企業と投入財のサプライヤー，商品のバイヤー，行政機関など公的部門，大学などの研究機関と共同で行動を起こすことが考えられる。

先行研究は共同行動を3つに分類して説明している（Pietrobelli and Rabellotti 2006, 7）。1つめは投入財などのサプライヤーや下請業者，または商品のバイヤーなど企業からみて垂直的な関係にある経済主体との共同行動である。メーカーとサプライヤーなら，両者が協力して技術的課題などに取り組むことで，品質を向上してコストを引き下げることが可能になる場合がある。2つめは同業者との共同行動である。商品のマーケティングや投入財の購入を共同で行うことにより費用を節約することが一例である。3つめは業界団体のように，クラスター内の多くの同業者の参加を得て行う共同行動である。行政機関の協力を得てビジネス・サービス・センターを設立したり，大学や研究機関の参加を得る共同研究の実施などがある。

GVCへの統合による競争力向上

　外部経済性や共同行動は産業クラスター内部での競争力向上のメカニズムである。それに対して産業クラスター外部とのつながりによる競争力向上に注目したのが，グローバルバリューチェーン（GVC）である。バリューチェーンとは，自動車，パソコン，衣料，農産品など，特定の商品の供給にかかわる，企画・設計から，生産，流通，販売，サポートまでのすべての活動を指す言葉である（Porter 1985, 36）。近年進むグローバル化のなかで，1つの商品を供給するためのバリューチェーンが国境をまたいで形成されることが増えた。これがGVCである。GVCに参加することができれば，途上国の中小企業でも最先端の技術を習得し，外国企業に製品を販売できる。

　GVCへの参加によって中小企業が発展するかどうかを考える際に重要となるのが，バリューチェーンの統治構造と企業のアップグレードである。統治構造とはバリューチェーン内で取引に参加する企業の関係を指す。企業間の関係の深さや取引の形態によって統治構造はいくつかに分類できる。アップグレードとは生産性を向上したり製品の付加価値を高めたりして競争力を向上すること指す。需給をめぐるさまざまな条件の変化にともない，バリューチェーンの統治構造も変化する。GVCに参加する中小企業にとっ

ては，その変化が自社のアップグレードへとつながるかどうかが重要となる。

統治構造の分類

　GVCの統治構造を理解するには，典型的ないくつかの分類を参照するとわかりやすい。ここでは市場型（market），モジュラー型（modular），関係型（relational），束縛型（captive），階層型（hierarchy）の5つについて説明する（Gereffi, Humphrey and Sturgeon 2005）。

　市場型とは，経済主体間の調整の度合いが浅い関係，たとえば，スポット市場における取引を通じたチェーンの構造を指す。ここではサプライヤーとバイヤーが規格，価格，数量を手がかりとして取引相手を探す。取引は1回かぎりのこともあるし，一定期間継続することもある。取引相手を変えたとしても，余分にコストがかからないのが特徴である。

　つぎにモジュラー型とは，たとえばバイヤーが必要な部品の細かな仕様を示し，サプライヤーがそれに応じてつくって販売する取引における統治構造を指す。取引には細かな仕様を示す必要があるという点において，市場型よりも関係が深まる。サプライヤーは部品をつくるための資材を自ら調達し，汎用的な工作機械と自らの技術力で製造する。

　関係型とは，サプライヤーとバイヤーが情報をやりとりする必要がある取引の統治構造である。モジュラー型のようにバイヤーが仕様を示すだけでは，サプライヤーはその財を準備できないような場合がこれにあたる。取引できるようにするために，バイヤーとサプライヤーが話し合い，必要に応じてその取引に特化した設備投資を行う。

　束縛型は，バリューチェーンで中心的な役割を果たす大企業とそこへ部品などを納入する中小企業のあいだで形成される統治構造である。サプライヤーの中小企業はバイヤーの大企業に大きく依存しており，簡単にほかのバイヤーをみつけることはできない。またバイヤーは，自らが必要な品質水準に達した部品を納期どおりに確保するために，サプライヤーの状況を細かく把握したり，技術的な支援をする場合がある。

　階層型は，正確には経済主体間の取引ではなく，経済主体内部での部門

間の取引における統治構造を指す。バイヤーがサプライヤーを買収して垂直統合をした場合などが典型的な例である。この場合には社内で供給部門と需要部門の取引を調整する。

アップグレードの種類

　GVCに参加する中小企業がどのようにして競争力を高めるのかを理解する手助けとなるのがアップグレードの分類である。GVCに参加する企業のアップグレードは大きく4つに分類できる（Giuliani, Pietrobelli and Rabellotti 2005）。第1は工程のアップグレード（process upgrading）で，これは製造工程に新しい技術を導入するなどして生産効率を高めることを指す。第2は製品のアップグレード（product upgrading）で，品質の向上や，低級品から高級品へとより価値の高い製品への供給へとシフトすることを指す。第3は機能のアップグレード（functional upgrading）で，GVCのなかで果たす機能を広げることである。たとえば製造だけにとどまらず，企画や設計，またはマーケティングや販売へ進出することを指す。第4は分野を超えたアップグレード（intersectoral upgrading）で，ある製品のGVCに参加して得た知識や経験をもとに，他分野の製品の製造などに参加することを指す。一般にGVCに参加した企業は生産規模の拡大や生産コストの削減を求められるため工程のアップグレードを果たす。しかしこれにとどまらず，製品，機能，部門を超えたアップグレードを実現することができれば，企業は競争力を大きく向上することが可能になる。

2．産業クラスターの事例

　ここでは，ラテンアメリカで注目を集めているいくつかの産業クラスターの事例を取り上げて，それらが発展した経緯を説明しながら，上で説明したキーワードを用いて，産業クラスターを構成する中小企業がどのようにして制約を乗り越えたのかを説明する。ここでは，ラテンアメリカでその成長が注目されてきた産業クラスターのうち，タイプの異なるいくつかの事例を取り上げる。具体的には，労働集約的な製造業としてブラジル

の製靴産業とコロンビアのアパレル産業，天然資源を生かした産業としてチリのサケ養殖，高度な製造業としてメキシコの自動車産業を取り上げる。

（1）アップグレードに挑む
――ブラジル・シノスバレイの製靴産業――

途上国の産業クラスターとして真っ先に思い浮かぶのが，安い人件費を生かした労働集約的な産業である。ラテンアメリカも同様である。衣料，靴，革製品，木工家具などの製造に特化した産業クラスターが各国でみられる。ここではブラジル南部リオグランデドスル州シノスバレイ地区の製靴産業を取り上げて，産業クラスターの発展の過程を振り返る。この事例を取り上げたのは，複数の研究者が長期間にわたって研究してきたため，産業発展のさまざまな段階をみることができるからである。それにより，有利な初期条件によるクラスターの成長だけでなく，バイヤーとの取引関係から生まれた変化による成長など，ダイナミックな要因による産業クラスターの発展過程を理解することができる。

シノスバレイの製靴産業の成長は，(1) 1960 ～ 1980 年代の欧米市場向け輸出の拡大期，(2) 1990 年代のアジアとの競争期，そして (3) 2000 年代以降の「地下の革命期」（underground revolution）に分けられる（Schmitz 1999; Bazan and Navas-Alemán 2004）。以下では，時期ごとに製靴産業クラスターの発展をみていく。

欧米市場向け輸出の拡大

リオグランデドスル州の州都ポルトアレグレに近いノーボハンブルゴ市には，工業を中心にさまざまな産業が発展している。そのなかでも古くからあるのが，シノス川沿いに広がるシノスバレイを中心とした製靴産業である。この地区には零細小規模企業を中心に，製靴関連産業に従事する企業が集まっていた。1991 年時点でブラジルの製靴企業は 6000 社弱存在したが，その約5分の1に当たる約 1300 社がリオグランデドスル州に位置している。皮革産業，製靴産業用の機械産業，靴の部品メーカーなど関連産業を含むと，同州の製靴産業は国内最大規模を誇る（Schmitz 1995, 542-

545）。

　リオグランデドスル州はブラジルのなかでも産業クラスターの支援に熱心な州である。シノスバレイにも 1960 年代から，革なめしや革靴製造に特化した職業訓練所のほか，靴の見本市を開催する業界団体など，製靴産業を支援する機関や組織が設立された（小池 2014, 145-149）。

　シノスバレイの製靴産業が成長するきっかけとなったのが，米国をはじめとする先進国による靴輸入の拡大である。国内における人件費の上昇のため，先進諸国では労働集約的な製品を輸入に依存する割合が増えた。米国の靴市場における輸入品の割合は，1967 年の 18％から 1987 年には 81％へと大きく増加し，1997 年には 93％に達した（Schmitz 1999, 1631）。先進国市場に対する輸出で成長したのが，シノスバレイの製靴産業である。この地域で生産された靴は，1960 年代末まではほとんど国内市場向けであった。1970 年代に入ると輸出市場向けが増加を始め，1983 年には輸出市場向けが国内市場向けを上回った。輸出市場の成長によりシノスバレイの靴の生産量は，1970 年の年間 2000 万足から，1980 年には 1 億 2000 万足，1987 年には 1 億 7000 万足を超えた（Schmitz 1999, 1632）。

　この結果，シノスバレイの製靴企業も成長した。50 人を超える中規模以上の企業の割合は，1971 年には 455 社のうち 33％であったが，1983 年には 57％に増えた。1980 年代末には，約 500 社の製靴企業のうち半数以上が中規模または大規模で，これに加えて 700 社の下請企業が存在している。これに皮革や製靴に用いられる機械，靴の部品などの企業を加えると，1991 年時点で約 1800 社の 15 万 3000 人がこの産業クラスターに属していたという（Schmitz 1995；1999）。

　このようにシノスバレイの製靴産業クラスターが 1980 年代までに順調に成長したのは，製靴産業にかかわる企業，団体，機関が地理的に集中したことで外部経済性が生じたのに加え，業界団体や行政機関との共同行動が加わり，集団効率性が生まれたからである（Schmitz 1999）。さらに産業クラスターの形成が進んだことで，欧米市場のバイヤーが調達先として注目した。これによりシノスバレイの製靴企業は，欧米市場向けの靴を供給する GVC のなかで製造部分を請け負って成長した。

アジアとの競争

しかしこの成長は長く続かなかった。1980年代末になると，低価格を武器に中国から米国への靴輸出が急増し，ブラジルからの輸出増加が減速した。国連の統計によると，米国の中国からの靴関連製品（靴とその部品）の輸入額は，1991年の26億8000万ドルから2000年には97億4100万ドルと3倍以上増加した。一方米国のブラジルからの輸入は，同期間に10億2000万ドルから12億ドル3000万ドルへと約2割増えただけである（UN Comtrade）。

これ以外にもブラジルの靴輸出が鈍化した要因がいくつかある。1つはブラジル国内のマクロ経済の混乱である。とくに輸出企業にとって問題となったのは，1994年に経済安定化のために導入されたレアルプランによって為替レートが切り上がり，ブラジル製靴のドル建て価格が上昇したことである。もう1つは，おもに米国の小売業者を中心に，発注から販売までのリードタイムを短縮することで在庫の費用を減らす傾向が強まったことである。小売業者は，大量に発注して在庫を抱えながら販売するというそれまでの方法から，在庫をそれほど抱えずに販売に応じて小量の発注を繰り返す方法に切り替えた。これまでの大量生産方式に慣れた多くのブラジル企業はこの変化への対応に時間がかかり，成長が行き詰まった（Schmitz 1999）。

「地下革命」の進行

先進国の市場では中国産との激しい競争により苦戦しているものの，シノスバレイの製靴企業のなかには，機能のアップグレードを図ることで，成長しつつあるラテンアメリカ域内市場や国内市場をターゲットとして発展を続けている例もある。

輸出拡大により成長したシノスバレイの製靴企業は，欧米など先進国市場のバイヤーをおもなクライアントとしてきた。市場の流行などに基づいてバイヤーが企画，デザインした靴を，一定の品質を保ちながら安くかつ迅速に製造してバイヤーに供給するのがシノスバレイの役割であった。

成長した製靴企業はその経験を応用して次のアップグレードを試みた。具体的には，国内市場やラテンアメリカ域内市場向けに自社ブランドの製品販売に取り組んだのである。輸出向けビジネスと大きく異なるのは，これまで担当してきた製造だけでなく，製品の企画やデザイン，そして販売やマーケティングについても，自社で手がけることである。シノスバレイの製靴産業クラスターを分析した研究者らはこれを「地下革命」と呼んでいる（Bazan and Navas-Alemán 2004）。

もちろんこれまでにもシノスバレイには，国内市場向けに製造販売してきた企業は数多くあった。しかしこれらの企業がターゲットとしてきたのはおもに低価格市場である。そのなかには先進国のブランド品をコピーしたものも多かった。それに対してこれまで輸出市場向け製造を手がけてきた製靴企業がターゲットにしたのは，少量多品種の中級品・高級品の市場である。そのために独自のブランドを立ち上げ，国内では小売店舗のチェーンを開設し，広告などのマーケティングにも力を入れた。その結果，従来は製造に限定されていた機能を，企画，デザイン，製造，流通，販売へと広げることに成功した。

この製靴企業の事例は，GVCにおいて工程や製品のアップグレードだけでなく，機能のアップグレードを実現した例と理解できる（図3-2）。GVCに参加した当初は，シノスバレイの製靴企業は欧米のバイヤーの企画どおりに靴を製造して供給していた。GVCの統治構造でいえば束縛型にあたる。しかし供給を拡大するなかで製靴企業はコスト削減や品質向上に取り組み，工程や製品のアップグレードを実現するようになる。そしてサプライヤーの能力向上にともない，バイヤーとの関係もより対等に近いモジュラー型へと変化した。

しかし欧米向けGVCの製造部門にのみとどまっていたのでは，追い上げるアジア諸国との競争が激しくなるばかりである。そこでシノスバレイの製靴企業は，一方で欧米市場向けのGVCで製造部門を担当しながら，他方でブラジル国内や他のラテンアメリカ諸国を対象に，企画や販売などこれまで手がけていなかった機能へと手を広げ始めた。この機能のアップグレードにより，今度は自らが中心となるバリューチェーンの創造を進め

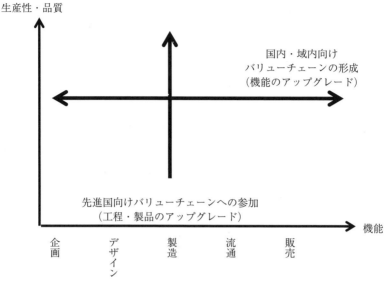

図3-2 シノスバレイ・製靴企業のアップグレード

(出所) 筆者作成。

ていることが、シノスバレイの製靴企業のさらなる発展につながっていると考えられる。

(2) 異なる経路で成長——コロンビアのアパレル産業——

繊維・縫製産業を含むコロンビアのアパレル産業はラテンアメリカ諸国のなかでも比較的発達していることで知られている。世界的に有名な先進国のブランド向けに製品を供給しているだけでなく、ランジェリー、水着、カジュアルウェア、皮革製品などでは、コロンビア企業のブランドでラテンアメリカ各国に展開している。アパレル産業は国内のいくつかの都市に集積しているが、ここでは対照的な経路を経て成長したメデジン市とブカラマンガ市の産業クラスターの事例を、比較分析した先行研究（Pietrobelli and Olarte 2002）などに基づいて紹介する。

国内市場向けの供給構造

　アンティオキア県メデジン市は首都のボゴタ市と並んで，コロンビア国内で経済的に最も重要な都市の1つである。コロンビアでは20世紀初めにコーヒー輸出が拡大してブームとなり，ここから得た収入を利用して国内産業の育成を図った。その1つが繊維業，縫製業を中心としたアパレル産業である。国内ではこの部門をまとめて「システマ・モダ」（sistema moda）と呼んでいる。1930年代に繊維産業がメデジン市の大手3社に集約されると，国内市場の保護と繊維大手3社の支援が政府による振興策の中心となった。輸入代替工業化が続いた1980年代末まで，繊維産業がメデジンの産業発展を担った。

　資本集約的な繊維産業で寡占が進んだ一方で，労働集約的な縫製産業は数多くの中小企業が担った。これらの企業は縫製した衣料品をおもに国内市場に販売した。その衣料品の販売において大きな影響力をもつようになったのが，独自の流通・販売網をもつ国内の大手百貨店チェーンの2社である。百貨店は，縫製業の中小企業から持ち込まれる衣料品の企画を検討し，そのなかから選択して中小企業に発注して調達した。これにより，メデジン市を中心に，大手繊維企業，中小縫製企業，大手百貨店を中心とするアパレル産業クラスターが生まれ，国内市場向け衣料品の供給において大きなシェアを占めるようになった。ここでは，関連産業がメデジン市に集中することで外部経済性が生じ，これによって集団効率性が高まったと理解できる。

　しかしこの状況は，1990年代の経済自由化により大きく変化する。外国から輸入された低価格の繊維や衣料品との競争により，メデジンのアパレル産業は国内市場のシェアを減らしていった。それに対抗するためにメデジンの企業はいくつかの方策をとった。その1つが大手繊維企業による垂直統合の動きである。繊維大手3社のうち2社が，衣料品の製造・流通に参入した。ただし自社工場を設立して縫製するのではなく，縫製業の中小企業をグループ化して縫製を委託することで衣料品を調達した。この過程で特定の工程に特化する企業が現れて分業化が進み，それらの企業間での契約生産が発達した。経済自由化への方策としてもう1つ行われたのが

外国ブランドに対する製造請負である。これは GVC への参加で，米国に比べて安い人件費を生かして，米国の有名ブランドのジーンズなどの縫製を請け負う専業の会社が現れて業績を伸ばした。

外国市場向けで成長

メデジン市のアパレル産業が衣料全般をおもに国内市場に供給しているのに対し，サンタンデール県ブカラマンガ市の縫製産業クラスターは，女児向けの子ども服の縫製に特化しており，その多くを輸出市場向けに供給している。

もともとブカラマンガ市とその周辺の村々は，刺繍や手縫いのほか，粘土細工を用いた工芸品の産地として海外でも知られていた。1970年代になると地元の中小企業が工芸品の技術を利用したおもに女児向けの子ども服をつくるようになった。国内市場では，メデジン市の大手百貨店が販売する衣料品のシェアが高かったため入り込む余地がなかった。そこでブカラマンガ市の中小企業は当初より外国市場での販売をめざし，おもに外国のバイヤーに製品を販売するようになった。

1990年代の経済自由化は，ブカラマンガ市の縫製産業クラスターにとって追い風となった。これにより外国産の安い原材料を利用して生産コストを下げることができたからである。また，中小企業がおもに季節雇用によって労働力を確保しているため，市場国で子ども服の需要が高まる特定の時期に合わせて供給量を調整したり，バイヤーの指示に従って短期間で製品を供給したりなど，比較的柔軟な対応ができた。

メデジン市と比較してブカラマンガ市の産業クラスターは以下の特徴をもっている。まず，繊維部門がなく縫製部門に集中している。そのため輸入原料の使用割合が高い。つぎに外国市場をおもな販売先とする企業が多い。ブカラマンガ市の企業は女児向け子ども服という特定の製品を扱っているが，それぞれの企業規模が小さいこともあり，さらにそのカテゴリーのなかで細分化した製品に特化している。これらの中小企業が集まることで，外部経済性が生まれて外国のバイヤーを引きつけることができた。その結果，ブカラマンガ市の縫製産業クラスターはメデジン市のクラスター

と比べて一足先に GVC に参加することで成長した。

共同行動による成長

　メデジン市とブカラマンガ市におけるアパレル産業クラスターについて分析した研究者は，どちらの事例でもクラスター内の専業化が十分でなく，企業間のネットワークも十分に発達していないと評価している。ただし，経済自由化が進むなかでは，GVC に参加しているブカラマンガ市のクラスターが発展する可能性が高いとみていた（Pietrobelli and Olarte 2002）。しかし現在の状況をみると，ブカラマンガ市だけでなく，メデジン市のアパレル産業クラスターも発展している。

　1990年代末から2000年代にかけての繊維産業と縫製産業の県別生産額の変化をみると，メデジン市を中心とするアンティオキア県，ブカラマンガ市を中心とするサンタンデール県のいずれにおいても大きく拡大している。とくにアンティオキア県の縫製産業は大きく拡大した（Inexmoda 2012）。メデジン市の最近のアパレル産業の成長について，コロンビアファッション輸出協会（Inexmoda）は以下の3点を指摘している。1つめは，外国ブランドへの製造請負における機能のアップグレードである（図3-3）。経済自由化以降，メデジン市の企業も GVC に参加して有名ブランド衣料の製造を請け負うようになったが，当初はマキラ（maquila）という方法による製造請負が主であった。この方法では，外国のバイヤーがデザインのほかにカットされた布地なども供給し，メデジン市の企業は縫製だけを担当していた。これに対して最近は，外国のバイヤーの企画に従ってメデジン市の企業がデザインを行い，布地などの材料の調達もすべて担当し，完成した製品に相手先のブランドをつけて納品するフルパッケージと呼ばれる方式での受注が増えている。このようにサプライヤーが能力を高めることで GVC の統治構造が束縛型からモジュラー型へと変わっている。

　2つめは自社ブランド製品の拡大である。現在でもメデジンのアパレル産業の主力製品は先進国のブランド向けジーンズであるが，最近は自社ブランド製品への取り組みが増えている。水着やランジェリーなどの女性向

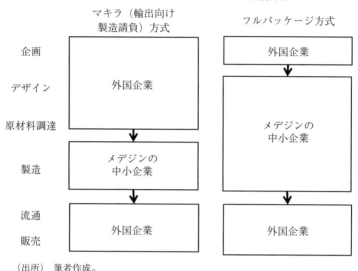

図 3-3 メデジン・ファッション産業の機能分担

（出所）筆者作成。

け衣料，カジュアルウェア，皮革製品でいくつかの企業が自社ブランドを展開しており，コロンビア国内はもとより，ラテンアメリカ諸国のショッピングモールに販売店を設けている。マキラ方式と比べて，フルパッケージ方式での生産や自社ブランドでの展開は機能のアップグレードにあたる。メデジン企業が担う機能は，マキラ方式での縫製だけから，フルパッケージ方式ではデザインと調達，自社ブランドでは企画，流通，販売へと広がった。

　3つめは業界団体や行政機関による共同行動の取り組みである。その代表例が，輸出向けのアパレル産業に携わる企業の業界団体であるコロンビアファッション輸出協会（Inexmoda）である。1988年に活動を始めたこの協会は，繊維をはじめとする衣料品などの原材料の見本市「コロンビアテックス」と，衣料品やブランドの見本市「コロンビアモダ」をそれぞれ年に1回メデジン市で開催している。いずれも2万人を超える参加者を集め，ラテンアメリカを中心に外国からもバイヤーが訪れる。輸出協会はこのほかにも，アパレル産業の情報収集と報告，人材の育成，コンサルティ

ングなどを行っている。これらの活動には，メデジン市の商工会議所，国の輸出振興機関（Proexport），職業訓練所（SENA），中小企業協会（Acopi）などもかかわっている。これらの活動の結果，メデジンのアパレル産業はラテンアメリカのなかでも注目を集めるクラスターとなった。

（3）輸出産業の新規創出――チリ南部のサケ養殖業――

ラテンアメリカ諸国のなかでチリといえば，最も早い時期に市場経済改革を導入し，堅実なマクロ経済運営だけでなく，貿易自由化に積極的な国として知られている。1960年代から輸出向け農林水産業の振興にも取り組んでおり，ブドウやリンゴなどの生鮮果物，ワイン，木材パルプ，サケなどの農林水産品は，同国最大の輸出産品である銅鉱石や銅製品に次ぐ主要な輸出産品に成長した。

ここで取り上げるチリ南部のサケ養殖産業クラスターでは，国内外の民間企業が主導的な役割を果たした。産業が起こった初期の段階やクラスターの成長の過程で，養殖産業に参入した中小企業が形成した業界団体が，品質向上や新規市場の開拓において重要な役割を果たした。加えて，政府などの行政機関，大学などの研究機関，日本など外国による開発援助がうまく組み合わさったことで競争力を向上した。さらにサケ養殖企業が成長する過程で，漁網の維持管理や稚魚の運搬などのサービス部分を独立してここに外部委託した。それにより，関連サービス業の細分化や専門化が進んで産業クラスターの形成が進んだといわれている（Maggi 2006；細野 2010；飯塚 2010）。ここでは，クラスターが発展した段階を先行研究の整理に従って(1) 1980年代半ばまで養殖産業の形成期，(2) 1990年代半ばまでの成熟期，(3) 1990年代後半以降のグローバル化期に分け，おもに上に挙げた3つの研究を参照しながら，サケ養殖業産業クラスターの発展をみていこう。

形成期（～1980年代半ば）

チリ南部の沿岸部はサケ養殖業に適した自然条件を備えていた。フィヨルド地形により養殖に適した静かな海面が多い。北欧に比べて緯度が低く

て日照量が豊富である。南半球に位置するため北半球とは季節が反対になり，北欧の産地と競合しない時期に生鮮品を供給できる。人口が少なく水質が管理しやすい。南米の太平洋岸を北上するフンボルト海流のおかげでアジやイワシの好漁場が近くにあり養殖に必要なエサを入手しやすい。これらの条件を生かすべく，この地域の開発をめざすチリ政府や外国政府，民間企業が1960年代末からサケ養殖に取り組み始めた。

　日本の漁業関係者は，衰退しつつあった北洋漁業の代替的供給地としてチリ南部に目をつけた。これを受けて国際協力機構（JICA，当時は海外技術協力事業団）が，日本の養殖技術を移転する国際協力プロジェクト「日本／チリ・サケプロジェクト」を開始した。日本から送った卵をふ化させて，稚魚を養殖して放流し，回帰したサケを漁獲する放流方式を採用した。日本以外にも米国企業の子会社が米国から技術を導入してサケの養殖・放流に取り組んだ。しかしどちらの取り組みにおいても，回帰するサケが少なく，試験段階にとどまっていた。放流方式の取り組みは直接には事業化につながらなかったが，サケ養殖業には不可欠である卵を生産する種苗技術の蓄積や，人材の育成において大きな役割を果たした（細野 2010）。

　チリのサケ養殖業が成長したきっかけとなったのが，放流方式から海面養殖への転換である。放流方式が回帰するサケを待つのに対し，海面養殖では海上に設置した生け簀で成魚になるまで育てる。これを最初に手がけたのが日本の水産企業ニチロである。同社は1970年代に日本においてサケの海面養殖の事業化に成功していた。この技術を生かすためにニチロ・チレ社を設立し，1979年にチリ南部のプエルトモン市近郊で海面養殖を開始した。さらにこの成功を受けて，チリの民間企業が新たに参入した（細野 2010）。チリにおけるサケの年間生産量は，1978年の50トンから，1985年には900トンに達した。

　民間企業と並んでサケ養殖業の形成に貢献したのが非営利団体であるチリ財団（Fundación Chile）である。この財団は半官半民の性質をもち，チリ国内の新規産業の創出や技術革新で重要な役割を果たしていることで知られている。チリ財団は放流方式に取り組んでいた米国企業を買収してサルモネス・アンタルティカ社（Salmones Antartica）を設立し，本格的に海

面養殖に乗り出した。同社は，日本／チリ・サケプロジェクトや水産業の研究機関から技術移転を受けると同時に，海面養殖事業化のパイロットプロジェクトにも積極的に投資した。さらに養殖で必要となる飼料工場にも投資して供給体制を整えた。その結果，すでに海面養殖を始めていた民間企業に先んじて，1988年に年間生産量1000トンに到達することに成功した。

成熟期（～1990年代半ば）

この成功を受けて，1980年代後半から多くの国内民間企業がサケ養殖業へ参入してサケ養殖産業が成長した（飯塚2010）。チリのサケ生産量は1986年の1350トンから1995年には14万3000トンへと，10年弱で約10倍増加した。チリでは，海面で養殖されるのはトラウトサーモン，湖など淡水で養殖されるのはニジマスで，日本語ではこれらを合わせてサケ・マスと呼ぶ。サケ・マス生産の増加に合わせて輸出も増え，輸出額は1991年の1億5900万ドルから，2000年には9億7300万ドルに達し，チリの総輸出額の5％を占めるまでに成長した（細野2010）。

輸出量の6割を占める最大の輸出先が日本である。チリ財団はサケ養殖業の振興プロジェクトを終了し，サルモネス・アンタルティカ社を国際入札によって日本水産に売却した。すでに進出していたニチロと合わせて，これらの日本企業が中心となり日本市場開拓を進めた。加工度の低い冷凍品だけでなく，切り身，スモークサーモン，筋子など付加価値の高い製品へと加工した。これにより1990年代には日本向け輸出が急増したほか，米国への輸出も本格的に始まった。

成熟期にみられたのが，サケ養殖の産業クラスターにおける企業間の協力と養殖業を支援する関連産業の専門化である。前者は共同行動，後者は外部経済性を生み出し，クラスターの集団効率性を高めたといえる。

共同行動ではまず，1986年にサケ養殖業に従事する17社がサケ・マスの生産者組合（現在はチリ・サケ産業会サルモンチレ，Salmonchile）を設立した。この組合は市場調査を実施したほか，チリ財団や政府の支援を得てサケの品質保証制度を確立した。この品質保証制度は同じくサケの輸出国

であるノルウェーにならったもので，チリから輸出されるすべてのサケを対象として組合が定めた品質基準を満たした商品にラベルを貼る制度である。これによってすでに国際市場で認知されていたノルウェー産やスコットランド産と，チリ産が同等の品質をもつことをアピールするのに役立った。

つぎに，共同での輸出企業の設立である。日本水産やニチロ等の外資系企業は，親会社を通じて輸出市場を確保していた。これに対してチリ企業は販売チャネルの開拓が課題となっていた。そこで1990年には，国内生産量の3割を担うチリの中小企業13社が共同で輸出企業サルモコープ(Salmocorp)を設立した。この企業は3年しか存続しなかったが，輸出先市場におけるチリ企業のプレゼンスの向上や，それぞれの企業のマーケティング能力の向上に役立った（Maggi 2006; 飯塚 2010）。このように，品質保証制度の設立や新規市場の開拓に，中小企業が単独では取り組むことは難しいが，同業者や関連機関との共同行動によって規模の制約を乗り越えることができた。

外部経済性については，養殖業全体の規模が拡大するにつれて，サケ養殖企業に資材やサービスを供給する中小企業群が形成された点が指摘できる。規模の拡大と国際競争の激化にともない，コスト削減のためにサケ養殖企業はサービス部門を独立させた。そしてこれらの企業に漁網の維持管理，稚魚の運搬，エサとなる飼料の製造，養殖施設の建設，宣伝や広報などを外部委託した。養殖業を中心に後方（資材・サービス供給部門）と前方（製品の加工・販売）を受け持つ中小企業が増加した。さらにこの地域の大学が水産関連学部を強化したり，専門学校が新たに設立されるなど，地元で人材を育成する取り組みも始まった（飯塚 2010）。

このようにチリ南部ではサケ養殖業にかかわる企業が集中しただけでなく，それぞれの事業に特化した企業が取引関係を築き，さらにそれらの企業からなる業界団体，行政機関，教育・研究機関，外国の開発援助機関などが結び付くことでダイナミックなサケ養殖産業クラスターの形成が進んだ。

第3章　ラテンアメリカの中小企業と産業クラスター

グローバル化期（1990年代後半〜）

　産業クラスターの形成に加え，ノルウェーからの技術導入による生産性の向上や資材と機械の国内調達の拡大によって，チリのサケ養殖業は1990年代末から2000年代初めにかけてさらに大きく成長した。外国の大企業による買収や合併により，資本の集中も進んだ（飯塚 2010）。世界的にみても，英国やカナダを追い抜き，チリはノルウェーに次ぐ世界第2位のサケ生産国となった。2007年からの感染症の大発生により生産が大きく落ち込んだものの，産業クラスター全体が一丸となって対策に取り組んだことで，以前の生産水準を回復しつつある。

　魚種別の統計によると，チリでは1990年代末からアトランティック・サーモンの生産が大きく増えている。この魚はノルウェーでおもに養殖され，欧米で多く消費される魚種である。チリに進出したノルウェーの企業は，アトランティック・サーモンをチリに導入するのと同時に，本国で使われている新しい技術を持ち込んだ。たとえば，生け簀の大きさはそれまでの縦横10メートル程度から，30メートル程度へと大型化が進んだ。労働者による給餌に代わって自動給餌機を導入したほか，サケの捕獲には網の代わりに大型パイプで吸引する方法を用いるようになった。このほか，水質を監視するシステム，消化吸収に優れたペレットタイプのエサ，病気を防止するワクチンの利用も普及した（細野 2010）。これらの新しい技術が導入されたことでチリのサケ養殖業の生産性が向上し，生産が拡大したのである。

　さらに産業クラスターの深化により，新しい技術で用いられる資材の多くが国内で調達できるようになった。たとえばサケの卵，大型の生け簀，加工機械などである。これは，国内で関連産業が成立するまでにサケ養殖業の規模が拡大し，その専門化が進んでいることを示している。

　ここでみられるのがGVCへの統合の深化である。チリのサケ養殖産業は，日本の資本を導入しておもに日本を市場として成長してきたという点では当初からGVCへの統合が進められてきた。そしてグローバル期に入ると，日本企業はチリで養殖したサーモンを東南アジアで加工して日本をはじめとするアジア市場に出荷している。また，ノルウェーの資本や技術

が導入され欧米市場向けのアトランティック・サーモンの生産が増えていることからも，バリューチェーンが地理的にもそして質的にも深化していることがわかる。

　順調に成長してきたチリのサケ養殖業は，2007年のISA（伝染性サケ貧血ウイルス）の大発生により大きな打撃を受けた。サケの生産量は2008年の45万トンから2010年の30万トンへ，輸出額も24億ドルから20億ドルへと減少した（Alvial et al. 2012）。これに対して政府機関のほか，サルモンチレなどの業界団体が対策を実施した。たとえば世代ごとに全部の魚を入れ替えるオールイン・オールアウト方式の導入，サケの移動の制限，ワクチンの利用，養殖密度の低減など，感染を防止する措置を徹底して行うようにした。その結果，2011年には再び生産量が増え始め，2013年には以前の生産水準まで回復している。

（4）輸入代替から輸出指向への転換——メキシコの自動車産業——

　ラテンアメリカ諸国のなかで，2000年代に入って日本企業の注目を集めているのがメキシコである。とくに自動車産業では日本の自動車メーカーや部品メーカーの新規投資が相次いでいる。以前から現地で製造している日産やホンダがここ数年のあいだに新工場を建設したほか，マツダも新たに進出した。日本メーカー以外にも，アウディ，BMW，ダイムラー・ベンツなどのドイツの高級車メーカーも，メキシコでの工場建設を発表している。これにともない自動車メーカーへ部品を供給する部品メーカーの進出も増え，メキシコの中部に新たに自動車産業クラスターが成長しつつある。

　メキシコの自動車産業はもともと輸入代替工業化の一環として，国内市場への供給を目的に育成されてきた。しかし1980年代の債務危機とそれに続く経済自由化のなかで，輸出指向が強まった。そして1990年代の北米自由貿易協定（NAFTA）や二国間自由貿易協定の拡大によって，自動車産業は輸出産業として大きく成長したのである。ただしこの事例は，これまでみた産業クラスターとは異なる点がある。1つは，もともとメキシコ国内でメキシコ企業が集まって形成した産業クラスターではなく，政策

によって外から持ち込まれた点である。もう1つは，産業クラスターで自動車製造を行うのは，外国の自動車メーカーの現地法人である。メキシコ企業の役割は部品供給にとどまっている。

ここでは経済自由化以前と以降の2つに分けて，メキシコにおける自動車産業の展開と産業クラスターの形成をみながら，部品のサプライヤーとなる中小企業の位置づけを確認しよう。

国内産業育成を目的とした産業クラスター

メキシコでは1920年代から自動車の組み立てが行われていたが，政府が本格的に自動車産業の育成に乗り出したのは1960年代である。自動車を米国から輸入する代わりに，国内での製造を振興するいわゆる輸入代替工業化政策を推し進めた。メキシコ政府は1962年から1989年までに5つの政令を施行したが，とくに最初に出した1962年の政令では，多くを輸入に頼っていた自動車部品を国産の製品で置き換えることを目標とした。そのためにこの政令では，エンジンや基幹部品の輸入禁止，自動車メーカーによるエンジンを除く部品の生産禁止，完成車の国産化率60％以上，部品メーカーへの外資出資上限40％を定めた。これにより，当時すでにメキシコで組み立てを行っていた米国の自動車メーカーは，現地資本主導の部品メーカーを育成して，そこから部品を調達せざるを得なくなった。輸入代替工業化に伴う産業振興政策をチャンスとみて，日産やフォルクスワーゲンがメキシコでの組み立てを始めた（星野2014）。

米国の3大メーカーや新たに進出した2社が工場を構えたのが，メキシコ州，モレロス州など首都圏に近い諸州である（芹田2010）。ここは国内最大の消費市場である首都メキシコシティに近いうえ，国内でも比較的製造業が集まっている地域であることから，現地資本主導の部品メーカーを育成しやすかった。自動車メーカーは当時国内で成長しつつあった地場資本の企業グループをカウンターパートとして部品メーカーを設立した。これら重要部品を生産する比較的規模の大きな部品メーカーに加え，単純で安価な部品を生産する小規模部品メーカーが多く集まって，首都圏を中心に自動車産業クラスターを形成した。

1970年代末の石油価格高騰による石油ブームにより自動車への需要が高まると国内生産が増加した。しかしそれに伴って部品輸入も増えたことで自動車産業の貿易赤字が拡大した。そして1982年に原油価格の下落と金利の上昇により債務危機が発生すると，メキシコ政府は輸入代替工業化政策を維持できなくなり，経済自由化政策への転換を迫られた。

輸出拠点としての産業クラスター

　メキシコ政府は自動車産業に対する政策を，1983年と1989年の2つの政令とNAFTAをはじめとする自由貿易協定によって，それまでの輸入代替工業化から輸出促進へと転換した。まず1983年の政令で輸出向け自動車に対しては国産化率を引き下げた。つぎに1989年の政令では国内市場向け自動車についても国産化率を引き下げるとともに，部品メーカーへの外資出資制限を撤廃した。1994年に成立したNAFTAでは，域内における自動車貿易を2004年までに順次自由化したほか，2003年からはアルゼンチン，ブラジル，ウルグアイと自動車貿易にかかわる協定を締結した。

　これによって，メキシコの自動車生産と輸出が大きく拡大した。生産台数は1988年に50万台に達した後，1992年には100万台，2000年には150万台，2007年には200万台を超え，2013年にはわずかに300万台を下回る水準まで増えた（星野2014）。乗用車の輸出額は1990年の26億ドルから，1998年には100億ドル，2008年には200億ドルを超えて，2013年には320億ドルに達している（UN Comtrade）。2013年の輸出額の7割弱が米国向けである。世界の主要自動車生産国のなかでは，生産台数は第8位，輸出は日本，ドイツ，韓国に次いで第4位である。生産台数に占める輸出台数の割合は82％に達し，ドイツや韓国の水準を上回っている。

　自動車の生産・輸出台数が急速に拡大するなかで，首都圏とは異なる場所に産業クラスターが形成された。1つは米国と国境を接する諸州で，米国の3大メーカーが完成車やエンジンの工場を1980年代に建設したほか，2004年にはトヨタも生産を始めている。もう1つはアグアスカリエンテス州とグアナファト州を中心とした中部で，1983年の日産に続き，1990年代にはGMやホンダが生産を開始した。2014年に生産を開始したホン

ダの新工場や，マツダの工場もこの地域に位置している。完成車メーカーの進出は，部品メーカーだけでなく，これらに原材料や工作機械を供給するメーカーもひきつけた。このように外部経済性が働くことで，産業クラスターが発展している。

　これらの新しい自動車産業クラスターでは，輸入代替工業化期とは異なるバリューチェーンの形成が進んでいる。輸入代替工業期には，自動車メーカーはメキシコ資本の部品メーカーから購入する以外の選択肢はなかった。しかし国産化比率の引き下げや部品メーカーへの外資出資制限の撤廃により新たな選択肢が現れた。1つは外国からの部品の輸入，もう1つは国内の外資系部品メーカーからの調達である。前者については，メキシコが積極的に進めた自由貿易協定により，低い関税率で自動車部品を輸入できるようになった。後者については，世界的にも競争力をもつ外資の部品メーカーの進出により可能になった。これらの部品メーカーは，トランスミッション，ブレーキ，コクピット（各種計器やオーディオなどを含む）など特定の機能を果たすシステム・コンポーネントを自動車メーカーに供給する一次サプライヤーと呼ばれている。メキシコへの進出や事業拡大に際して日米欧の自動車メーカーは，質のよい部品を安定して調達するために自国の部品メーカーへメキシコへの進出を促した。これはメキシコの地場の部品メーカーが自動車メーカーの求める品質，価格，納期を満たすことができないからである。その結果，新しい自動車産業クラスターでは，輸入代替工業化期には自動車メーカーへ部品を供給していた多くの地場部品メーカーが淘汰され，外資系の部品メーカーにとって代わられた。ただし一部に，大手自動車メーカーの元エンジニアが設立した企業など，地場部品メーカーも参加している（Contreras, Carrillo and Alonso 2012）。

　北米大陸における自動車のバリューチェーンは，メキシコ一国で完結するのではなく，米国とメキシコを1つの単位とするGVCの形成が進んだ。そのなかでメキシコに位置する部品メーカーは，長距離輸送が不向きな部品を自国内の自動車産業に供給するとともに，工程のアップグレードにより生産効率を高め，米国向けに労働集約的な部品を供給することで成長した（星野 2014）。

（5）産業分野ごとのアップグレード

以上ではラテンアメリカにおける産業クラスター研究でしばしば取り上げられる産業クラスターの事例を紹介した。いずれの事例においても，特定の地域において産業が集積し，生産や輸出が増加している。しかし産業クラスターが発展しても，そこに位置する中小企業が成長するとは限らない。シノスバレイの製靴産業では，先進国市場のバイヤーと結び付いてバリューチェーンの一部となった企業は，市場での流行の情報や新しい製造技術を手に入れて生産と輸出を拡大できた。

しかしそのバリューチェーンのなかでは，設計やマーケティングなどより付加価値の高い活動に参入することはできない。コロンビアのアパレル産業では，クラスターは成長したが中小企業は大手繊維企業のつくったグループに取り込まれる形となった。メキシコの自動車産業は輸出を増やすことには成功し，その過程でサプライヤーとなる中小企業の数は増えたものの，その多くが先進国の部品メーカーの子会社で占められており，地場企業の参加は限られている。ダイナミックな産業クラスターのなかで成長していくためには，中小企業がそれぞれの産業クラスターのなかで，工程，製品，機能，他分野などさまざまなアップグレードを進める必要がある。

どのような場合に中小企業はアップグレードを実現できるのだろうか。この疑問に答えるヒントとなる先行研究がある。この研究はラテンアメリカの産業クラスターを，その特徴によって伝統的製造業，天然資源産業，複雑な製造業などに分類し，クラスターにおける集団効率性や，GVCにおけるバイヤーの活動が企業のアップグレードに対してどのような影響を与えるかを分析した（Pietrobelli and Rabellotti 2006）。

表3-1にその結果を示したとおり，アパレル，製靴，家具などの伝統的な製造業の場合，クラスターがもたらす集団効率性が製品のアップグレードにプラスの影響を与える。工程のアップグレードは，おもに新たに開発された原材料や製造機械による生産性の向上が主で，集団効率性そのものによるわけではない。バイヤーの活動は，企業のアップグレードにプラスとマイナスの両面の影響を及ぼす。たとえばシノスバレイの製靴産業クラ

表 3-1　産業分野別のアップグレードのパターン

産業分野	伝統的製造業	天然資源産業	複雑な製品の製造業
産業の例	アパレル，製靴，家具	農林水産（加工）業，鉱業	自動車，電機，金属加工
学習パターン	原材料や製造機械をとおして	新知識に基づいた原材料や製造機械をとおして	大規模企業主導による
集団効率性			
製品のアップグレード	●	●	▲
工程のアップグレード	▲	●	▲
機能のアップグレード	▲	●	▲
GVC バイヤーの活動			
製品のアップグレード	●	(●)	(●)
工程のアップグレード	●	(●)	(●)
機能のアップグレード	×	▲／×	▲／×

（出所）　Pietrobelli and Rabellotti (2006, 277, Table 9.3) を一部修正・簡略化。
（注）　印は集団効率性やグローバルバイヤーの行動が，企業のアップグレードに与える影響を示す。●はプラス，▲は中立，×はマイナスの影響を示す。／はまたは，カッコは間接的影響を示す。

スターの事例でみられるように，バイヤーは製品や工程のアップグレードには協力的である。しかし途上国の中小企業が企画，デザイン，マーケティングなどに進出して機能をアップグレードすることは望まない。なぜならバイヤーの活動と競合するからである。

　農林水産（加工）業や鉱業などの天然資源産業の場合，製品や工程のアップグレードは投入財や機械など技術の影響が大きい。農産物の場合，クラスターに属する民間の中小企業と大学や研究所などの公的機関の協力で生まれた技術や情報が製品，工程，機能のアップグレードを支えることが多い。市場国のバイヤーについては，生産や加工における国際認証の取得など先進国のスーパーにつながる GVC に参加する条件を示し，これを満たすことで途上国のサプライヤーがアップグレードを実現することがあ

る。この場合，バイヤー自身がサプライヤーのアップグレードを支援するわけではなく，あくまで条件を提示するにとどまるため，間接的な影響となっている。

　自動車や電機など複雑な製品の製造業の場合，GVCに参加する企業は，製品や工程においてアップグレードしている事例が多い。しかしこれは，クラスターにおける集団効率性やGVCのバイヤーから支援によるものではない。企業同士の競争のなかでGVCに参加するために，企業自らの努力によってアップグレードしていると考えられるため，間接的なプラスの効果といえる。

おわりに

　中小企業は規模が小さいために，規模の経済によるメリットを活用できなかったり，人材や資金などの経営資源に制約があるなど，不利な条件におかれている。しかし産業クラスターの形成やグローバルバリューチェーン（GVC）への参加によって，これらの制約を乗り越えることが可能になる。本章ではラテンアメリカで産業クラスターが発展した事例を取り上げ，どのように発展したのかを集団効率性やアップグレードなどのキーワードを用いて説明した。

　産業クラスターが形成されると，単にその内部に立地するだけで，外部経済性という集積のメリットを利用できる。同じ産業の企業が集まることで，人材，原材料や機械，資金などの生産要素が手に入りやすくなる。また，同業者からなる業界団体や公的機関などとの共同行動により，研究開発や人材育成に資源を導入でき，そこから得た利益を享受することができる。

　産業クラスターの形成が進めば外部のバイヤーからのアプローチも増え，GVCへの参加が可能になる。そうすれば，購買力の高い先進国市場へのアクセスが可能になるだけでなく，さまざまなアップグレードの機会が広がる。新しい生産設備の導入により生産効率を向上する工程のアップグレード，より付加価値の高い製品を生産する製品のアップグレード，これ

までより幅広い機能へと活動範囲を広げる機能のアップグレード，そして部門を超えてほかの製品のバリューチェーンに参加するアップグレードなどである。

　ただし，GVCへの参加はアップグレードを約束するものではない。先進国市場のバイヤーが途上国の中小企業のアップグレードを直接支援する事例は少ない。外国のバイヤーが行うのはGVCに参加する条件を示すだけで，それを満たすかどうかは個別企業の取り組み次第である。また，機能のアップグレードの事例でみられるように，中小企業であるサプライヤーがアップグレードに取り組もうとする際に，外国のバイヤーが障害となることもある。

　市場経済改革やグローバル化の進行で企業間の競争が激しくなるなか，本章で取り上げたような成功事例は，ラテンアメリカに数多くある産業クラスターのなかでは少数かもしれない。しかし，第6章で取り上げるように，競争のなかから集団効率性の獲得やアップグレードの実現によって成長を実現する企業が次々と出てきている。

第4章

ラテンアメリカの企業文化

工場玄関におかれた聖母マリア像
(2015年1月,メキシコ・グアナファト州,星野妙子撮影)

はじめに

　本章のテーマである企業文化とは，企業組織のメンバーに共有された価値，規範，信念あるいは行動様式を指す。企業は営利を目的とする組織であるが，社会関係を内包する組織でもある。そのために企業文化は社会の歴史や現状を色濃く反映する。ラテンアメリカの企業文化の特徴はどのようなものなのか。本章の課題はこの点を明らかにすることにある。

　この課題が重要であるのは，近年ラテンアメリカへ進出する日系企業の数が急増する状況において，進出企業がラテンアメリカの企業あるいは社会と円滑な関係を築くためには，企業文化の理解が欠かせないと筆者は考えるためである。そう考えるようになったきっかけに，メキシコでの聞き取り調査の経験がある。

　1つの例として掃除をめぐる日本とメキシコのちがいを挙げよう。日系進出企業が取引相手候補企業の能力を測る際の判断材料の1つに，工場がきれいかという点がある。いわゆる「5S」(「整理」「整頓」「清掃」「清潔」「しつけ」)が浸透しているかをみるといえる。メキシコ企業の工場は概してきたなく，そのため選考の入り口で脱落する企業が多いという。なぜメキシコの工場はきたないのか。文化に引き付けて理由を探ると，メキシコの学校では一般に掃除は子どもの仕事ではないので，学校教育において掃除の習慣を身につけることがないこと，一方で，ラテンアメリカ文化の特徴として，手を汚す仕事を卑しむ傾向が強いこと，そのために家庭において，あるいは掃除を仕事とする場合を除いて，ごみを拾う習慣が身についていないことがある。工場がきたないとすれば経営者が意識して対応せねばならないが，その認識がないか，あるいは対応に失敗しているかであろう。ちなみに，従業員にごみを拾わせるにはどうすればよいかは，メキシコ企業のみならず日系企業も頭を悩ます問題であるという。

　もう1つの例として，従業員の欠勤問題を挙げることができる。メキシコの農村部に進出し地元住民を雇用する企業で指摘される問題として，家族の行事やコミュニティーの祭りのたびに欠勤率が高くなることがある。

都市部の従業員の場合，金銭的なインセンティブにより欠勤率を下げることはより容易だが，伝統的な家族関係やコミュニティーの絆が強い農村部では，金銭よりも家族やコミュニティーの絆が優先される傾向が強いという。これは従業員のあいだで観察される現象であるが，仕事よりも家族や仲間うちの人間関係に高い価値をおくという現象は，メキシコ企業の経営者にも同様に観察される。

本章ではこのような企業文化に派生すると考えられるさまざまな現象を，人々を動かす原理のレベルからより深く理解することをねらいとして，ラテンアメリカの企業文化の特徴を明らかにすることを試みる。その際に，企業文化に影響を及ぼしている，あるいは企業文化が影響を及ぼしていると考えられる次の3つの論点に焦点を当てたい。

第1に移民社会の歴史である。ラテンアメリカは3世紀にわたりイベリア半島の2つの王国，スペイン・ポルトガルの植民地支配のもとにあった。独立後はイベリア半島以外の欧州や中東，アジアの国々から大量の移民を受け入れた。移民社会であるという成り立ちが，企業文化にどのような影響を及ぼしているのかというのが，第1の論点である。

第2に，家族のあり方である。ラテンアメリカの地場の民間企業の圧倒的多数は，大企業も含めて，家族が所有・経営するファミリー企業である（星野 2004；星野・末廣 2006）。家族のあり方が企業文化にどのような影響を及ぼしているのかが，第2の論点である。

第3に，企業文化と企業の成長との関係である。ラテンアメリカの企業階層構造の特徴は，第2章でみたように，中規模企業の層が薄いという点にある。少数の大企業に生産と雇用が集中する一方で，圧倒的多数の企業は零細小規模企業およびインフォーマル部門の事業所である。企業が規模を拡大しながら成長すると考えれば，あたかも企業成長の壁が存在するかのようである。企業文化がこの成長の壁とどう関係しているのかというのが，第3の論点である。

本書は企業のなかでもとくに中小企業に焦点を当てているが，この章では対象を中小企業に限らず，ラテンアメリカの企業全般に共通すると思われる企業文化の特徴を検討する。

本章の構成は次のとおりである。第1節では前提の知識として，企業文化の研究の流れを説明する。第2節と第3節では，ラテンアメリカにおける移民社会の成り立ちと家族のあり方の企業文化への影響について述べる。第4節では，第2節と第3節の議論をふまえて，企業文化が企業の成長に及ぼす影響について論じる。「おわりに」では，本論の検討から企業文化の変化についてどのような展望が描けるのかについて，筆者の考えを示す。

1．企業文化とは何か

（1）企業文化の定義

　企業は組織の1つである。そのため企業文化（corporate culture）の研究は組織文化（organizational culture）論という学際的な研究領域のなかで行われてきた。組織に属する人々の意識を研究するという点で，組織文化論と研究対象が重なる研究領域に，組織風土（organizational climate）論がある。2つのちがいは，方法論と着目点のちがいといえる。組織風土論がおもに行動心理学の手法を用い，組織の環境が人々の行動に及ぼす影響に着目するのに対し，組織文化論は社会学や文化人類学の手法を用い，人々の態度や行動をより根源的に規定する価値や信条に着目する。研究史の流れでは組織風土論が先行し，組織研究の方法論として社会学や文化人類学的視点の重要性を説いたペティグルーの論文（Pettigrew 1979）が発表されて以降，組織文化論が盛んとなった。

　組織文化論は学際的な研究領域であること，ならびに焦点を当てる局面および手法が研究者ごとに多様であるために，組織文化の定義も多様である。シュナイダーらは彼らが編纂した組織文化論と組織風土論の研究ハンドブックにおいて，次のような共著者のための定義を示している。すなわち，「組織文化とは，新参者の組織への同化の経験，リーダーの決定や組織について人々が繰り返し語る神話化した話や逸話を介して伝えられる，組織を特徴づける価値や信条である」（Schneider and Barbera 2014, 10）。そこで本章ではシュナイダーらの定義の「組織」の部分を「企業」に換えて企業文化を定義することとする。

企業文化論の先行研究における議論のなかで，ラテンアメリカの企業文化を考えるうえで重要な論点として，企業文化形成におけるリーダーの役割，ならびに国民文化と企業文化の関係がある。ここで簡単に紹介しておこう。

（2）企業文化の形成におけるリーダーの役割

組織文化論においても，組織風土論においても，文化や風土の形成において組織のリーダーが重要な役割を果たすという点で一致している。研究史で先行する組織風土論では，リーダーシップが研究トピックの重要な柱の1つとなってきた。組織文化論における社会学，文化人類学的視点の重要性を説いたペティグルーも，以下に述べるように，組織文化の創造を企業家の役割から説き起こしている。

企業家は組織文化の創造者

ペティグルーは企業家を新しい組織を起こし，組織に目的を与え，組織を築き経営するために，人と資源を動員するという責任をおもに担う人ととらえている。そして組織文化の創造における企業家の役割を，次のように説明している。企業家は組織の構造や技術など目にみえる側面の創造者であるばかりでなく，シンボル，イデオロギー，言語，信条，儀式や神話など，組織生活のより文化的，表現的な側面の創造者でもある。文化とは特定の時期に特定の集団に対して働く，公に皆に受け入れられた意味の体系である。この体系に基づいて人々は自身の状況を解釈する。新しい組織の成功には組織に加わる人々の参加が必要条件となる。参加とは人々が組織に進んでエネルギーを提供し忠誠を誓うことと定義される。参加は自動的に生まれるのではなく，獲得されるものである。獲得のために重要な役割を果たすのが，企業家のビジョンである。ビジョンは単に組織の目的を述べたものであるばかりでなく，組織に質感と結束力を与える信条と言語の体系でもある。ビジョンは信条を明言し，役割，行動，挑戦，目的を定義するのにふさわしい特徴的な言語を用い，それによって組織文化と定義される意味の思考様式と意識を創造する。ビジョンは組織の支持を得てイ

デオロギーとなり，イデオロギーは意味を伝達し，組織メンバーに組織への参加と行動の一貫性を要求し，日常的な仕事へのメンバーのやる気を起こさせ，懸念の解消を可能にする（Pettigrew 1979, 574）。

リーダーシップのバリューチェーン

先に述べたシュナイダーらによる研究ハンドブックに進化論の立場から論考をよせたホーガンら（Hogan, Kaiser and Chamorro-Premuzic 2014）は，組織一体化のための装置として文化の役割に着目し，そこにおける企業家の役割について次のように述べている。ホーガンらによれば，古来人類は，競争による適者生存により進化してきた。競争は個人と個人のあいだのみならず，個人によって形成される重層的な社会集団間のレベルにおいても展開されてきた。社会集団の内部で個人の競争が激化した場合，社会は一体性を損ない社会集団間の競争で力を発揮できない。社会集団が競争に生き残るためには，集団内の個人が一体となる必要があり，ホーガンらは文化を，組織を一体化するための装置と考える。そこにおけるリーダーの役割は，集団内の利害を調整し，集団に貢献するような価値と規範に人々を誘導することにあると述べる。誘導の成否はリーダーの資質によるところが大きい（Hogan, Kaiser and Chamorro-Premuzic 2014, 557）。リーダーの行動と，組織メンバーの貢献度，組織の業績は，次のような関係をもつ。すなわち，自らの価値観に基づくリーダーの行動がリーダーシップのスタイルを決め，組織文化を形づくる。リーダーシップと文化に組織メンバーがどう反応するかによってメンバーの組織への貢献度が決まり，それが組織の業績に影響を及ぼす。ホーガンらは以上の道筋を「リーダーシップのバリューチェーン」と呼んでいる（Hogan, Kaiser and Chamorro-Premuzic 2014, 562-563）。

組織風土論においても，組織文化論においても，組織として具体的に想定されているのは，多くの場合が企業である。企業文化の形成に重要な役割を果たすリーダーとは，より具体的には企業の創業者や経営者である。創業者や経営者の価値や信条は，彼・彼女がおかれた社会の文化，より一般的には国民文化を反映すると考えられる。同様に企業もそれを取り巻く

社会の文化の影響を受けると考えられる。企業文化と、企業家や企業がおかれた社会の文化との関係を先行研究ではどのように説明しているのか、つぎに紹介したい。

(3) 国民文化と企業文化の関係
国民文化の影響を受ける企業文化

組織文化は社会の文化、より一般的には国民文化のなかに成立している。組織文化と国民文化はどのような関係をもつのだろうか。組織心理学を専門とするディクソンら（Dickson, Kwantes and Magomaeva 2014）によれば、組織文化と社会の文化は次のような点で異なる。すなわち、前者では人々は選考過程を経てメンバーとなり、組織の移動により離脱が可能であり、意識的な変更が可能であるのに対し、後者では、人々がそのなかに生まれ成長過程で体得し、一般的には離脱の機会は少なく、意識的な変更が難しい（Dickson, Kawantes and Magomaeva 2014, 277）。組織文化は社会の文化のなかに入れ子状に存在する。ディクソンらは、両者の影響の方向性は、一般的にはより広い社会の文化（国民文化）から組織文化へと向かうと考える。その道筋を次のように説明する。仕事にかかわる変数、たとえば能力育成のレベル、仕事の意味、組織のシンボルや慣行をどう解釈するかは社会によって異なっている。社会の文化は人々に身の回りの世界を解釈するメカニズムを提供する。そのため人々は社会の文化に合致する労働の場を好むし、創業者も社会の文化に合致する組織を形成することに心地よさを感じる。さらに、組織は社会において正当性を獲得するために、すでにある組織文化を模した組織文化を形成するよう同化の圧力を受ける（Dickson, Kwantes and Magomaeva 2014, 279）。

企業文化が国民文化の影響を受けない場合

ただし組織文化が社会の文化の影響を大きくは受けない場合もあり、そのような事例としてディクソンらは高度に規制されグローバル化が進んだ産業の組織文化を挙げる。一方、影響の方向性が逆の、つまり組織文化が社会の文化に影響を及ぼす場合を次のように説明する。社会の文化の価値

83

に対して人々が抱く思いはごく強い場合もあれば，ごく弱い場合もある。創業者は価値を共有する人々を組織メンバーに選ぶ傾向にあるので，創業者の社会の文化の価値への思いがごく弱い場合，同様に思いがごく弱い人々を雇うことになる。その結果，社会の文化を反映しない組織文化が成長を遂げるかもしれない。そのような組織文化が時間をかけて社会の文化に影響を及ぼすことがあるとディクソンらは述べている（Dickson, Kwantes and Magomaeva 2014, 281-282）。

ホーフステッドによる企業文化の国際比較

組織がおかれたより広い社会とは，具体的には国を意味することが一般的である。世界40カ国にわたる膨大な数の企業文化のデータをもとに，企業文化とそれに影響を及ぼす国民文化の国際比較を行ったのは社会心理学者のホーフステッド（Hofstede）であった。ホーフステッドがデータとして用いたのは，当時関係していたIBM社において実施した，同社の全世界の支社の従業員延べ11万人余りを対象とする所在国の国民文化に関するアンケート調査であった（ホーフステッド 1984, xiv）。ホーフステッドの研究は，国民文化のちがいを測る4つの次元を提起し，4つの次元について世界の国々の文化を指標により数値化することにより，国民文化の国際比較を可能にしたという点で高い評価を受けている。4つの次元とは，第1に権力格差に対する許容度，第2に個人主義か集団主義か，第3に男性的か女性的か，そして第4に不確実性に対する不寛容度である。より詳しく述べれば，第1の次元は，最小の権力しかもたない組織メンバーあるいは組織が，不平等な権力配分をどの程度受容するか，第2の次元は，個人が集団にどの程度統合されているか，第3の次元は，自己主張の強さ，競争心などの男性的とされる価値がどの程度強いか，第4の次元は不確実あるいは曖昧なことにどの程度不寛容かを意味する（Hofstede and Peterson 2000, 403）。

ラテンアメリカと地中海沿岸諸国の文化的近似性

ホーフステッドはアンケート調査結果に基づき，4つの次元の指標を国

ごとに数値化した。40カ国のなかにラテンアメリカからはアルゼンチン，ブラジル，チリ，コロンビア，メキシコ，ペルー，ベネズエラの7カ国が含まれている。ラテンアメリカ諸国の数値の特徴は，いずれの国も権力格差に対する許容度が高く，不確実性への不寛容度も高いという点であった。同様に2つの数値が高い地域として指摘されるのが，スペイン，ポルトガル，イタリア，ギリシャの地中海沿岸諸国であった（ホーフステッド 1984, 284-286）。

ホーフステッドの研究は，2つの数値が高いという事実を示すにとどまり，その理由までは検討していない。しかし地中海沿岸諸国とラテンアメリカ諸国という太平洋を隔てた2つの地域の文化的近似性を示したという点で注目される。ラテンアメリカ諸国は，16世紀初頭から19世紀初頭までスペイン・ポルトガルの植民地であったことに加えて，スペイン・ポルトガルから独立して以降も，両国およびイタリアから多くの移民を受け入れたという歴史をもつ。そのようなラテンアメリカ社会の成り立ちが，地中海沿岸諸国との文化的近似性に大きな影響を及ぼしていると考えられる。それでは地中海沿岸諸国からラテンアメリカはどのような文化的な影響を受けたのか，次章において検討したい。

2．移民社会の歴史と企業文化

アメリカ大陸の中央部・南部，カリブ海島嶼部に位置する国々を総称してラテンアメリカと呼ぶのは，この地域が15世紀末にイベリア半島の王国スペイン・ポルトガルに征服され，19世紀初頭まで植民地支配のもとにおかれたという歴史に由来する。国連の下部組織で中南米・カリブ海地域を担当する国連ラテンアメリカ・カリブ経済委員会（ECLAC）の域内加盟国は33カ国，このうちスペイン・ポルトガル植民地であった国は19カ国に上る。このうちブラジルが元ポルトガル植民地で，残る18カ国が元スペイン植民地である。スペイン・ポルトガルの植民地支配の歴史を共有するために，ラテンアメリカ諸国の国民文化には似通った点が多い。

(1) スペイン・ポルトガルの文化的遺制

今も息づくイベリア的秩序

　北米を含むアメリカ大陸の企業文化の解説書を書いたベーレンス（Behrens）は，スペイン・ポルトガルの文化的遺制として次のような点を指摘する。第1に，イベリア半島はアングロサクソン諸国が経験した宗教改革や産業革命などの改革の波に洗われなかったために，その社会には，アメリカ大陸を植民地支配した16世紀初めから19世紀初めまで，権威主義，階級格差，序列主義，エリート主義と，それらを補強するカトリック宗教と強く結びついた伝統的な家産主義が保持され，そのような社会の価値観が植民地支配を通じてラテンアメリカに持ち込まれた。ベーレンスは，それがイベリア的秩序として現在も社会に息づいていると指摘する（Behrens 2009, 18）。第2に，イベリア的秩序において企業に求められる役割は，アングロサクソン社会のそれとは異なると指摘する。すなわち，企業は社会のなかのより大きな有機的組織体，たとえば家族や国の一部分にすぎず，企業にはより大きな組織体の秩序への適応が求められ，企業の目的は社会的目標の充足であるとされる。企業は，所属と安全に対する個人の渇望を癒す義務を負う。効率は，とくに連帯や忠誠を犠牲に達成される場合，疎外感を生むために重視されない。組織の長には，強い権限をもち，慈悲心あふれ，配下の安全を守る強い父親像が期待される（Behrens 2009, 23）。

権力格差の許容・確実さへの欲求・集団志向

　ラテンアメリカの企業文化の特徴をより具体的に叙述するのは，経営学者のベッカー（Becker）である。ベッカーはラテンアメリカの企業文化の特徴として，権力格差への高い許容度，構造への欲求，集団志向，普遍主義でなく個別主義，まわりくどい意思疎通法，独特の時間観と空間観，形式へのこだわりの7つを挙げる。このうち最初の3つは，先のホフステッドが示した4つの指標のうちの3つと重なる。この3つはより根源的な特徴と考えられるため，詳しく紹介しよう。

　第1に，ラテンアメリカの企業文化では権威が尊ばれ，権力格差は当然

と受け止められる。その社会的な影響として，経営者は手を汚す仕事はすべきではないという通念，絶大な権力や権力の乱用に対する人々の無力感，上位者に対する下位者の服従が指摘される。企業内ヒエラルキーは，企業メンバーが権威の序列を互いに認識するためのメカニズムとなる。伝統的な企業では，経営者は従業員の能力構築に関心が低い。部下への権限移譲は権威を損ない不快感と半信半疑を生むと考えられている。仕事の指示は上司から部下へと一方的である（Becker 2011, 152-153）。

　第2の特徴として挙げられる構造への欲求は，ホーフステッドの不確実性に対する不寛容度にあたり，言い換えれば確かなものへの欲求といえる。不確実ゆえに，リスクの高い新しい事業には大きな利益が保証されなければ消極的であると指摘する。経営への影響として，従業員が変化に対し抵抗する傾向が強い点がある。アングロサクソンと比べて，ラテンアメリカの従業員は昇進より現状維持を好む傾向が強い。就労規則や労働条件の変更は，結果が不確実なために，抵抗する傾向が強い。確かなことへの欲求と権力格差への高い許容度が結びついて，意思疎通ラインは水平ではなく垂直となる。重要情報を同僚と共有することを嫌い，上司とのみ共有する。そのため，水平的な情報の流れは妨げられる（Becker 2011, 154-156）。

　第3に，ホーフステッドの個人主義対集団主義の指標において，ラテンアメリカは集団主義志向が強い。一般的に集団主義は人を内と外に分け，内の人で「仲間の輪」（affinity circle）を形成するが，ラテンアメリカの仲間の輪の特徴は，個人を中心として内側に核家族，外側に拡大家族をおく二重の同心円を描くことである。拡大家族の外に，遠い親戚，親密な友人，学校の友達，その他の友人，知り合いなどからなる輪がくる。仲間の輪の外に位置するのは信用できない未知の人で，道徳的な義務を負わない人とみなされる。ラテンアメリカ社会で信用を得るには仲間の輪のなかに入ること，あるいは輪のなかにいる人の信用を獲得することが不可欠となる。集団主義の経営への影響に，組織の調和が重視されることがある。このことが権力格差と結びつき，上司に意見をいえない中間管理者を生み出す。集団主義は人を雇う条件にも影響を及ぼす。候補者の仲間の輪における地位が信用度の指標となる。そのため，家族的背景，社会階級，有力者への

忠誠が，個人的業績より重視される (Becker 2011, 157-159)。

　ベッカーは以上のような点をラテンアメリカの企業文化の特徴として指摘するが，国ごとにちがいはないのだろうか。ラテンアメリカの国ごとの企業文化を扱った研究の数は少なく，それも一部の国に集中している。以下ではそれらの研究のなかからイベリア文化の影響について言及のあるメキシコ，ブラジル，コスタリカに関する研究を紹介しよう。

メキシコの企業文化
　メキシコの企業文化について研究サーベイを行ったエスピノサらは，メキシコの経営学者クラス (Kras 1991) を引用しながら，メキシコの企業文化の特徴を次のように整理している。メキシコ社会において基軸となる価値は家族とカトリック教である。家族は個人に信用，責任，帰属，情緒的絆を提供する。カトリック教は個人に安らぎ，安寧を与え，運命を受け入れさせる。この2つは集団に結束力を与える社会的基盤であり，自己イメージならびに他者との関係を決める基本的価値として広く受け入れられている。このような価値は企業での人間関係に次の点において影響を及ぼす。第1に，人間と仕事の関係においてである。人間は仕事をこなす道具ではないと考えられる。人々は自身と仕事に対し誇り高い。第2に感受性においてである。メキシコ人は感受性が強い。感受性の強さは生産工程での問題解決に奇抜な能力を発揮するというプラス面をもつが，仕事への批判を自分への批判ととるマイナス面ももつ。そのため批判の仕方に洗練さが必要とされる。第3にエチケットにおいてである。子どもの時から上位者，権威を尊重するよう教え込まれるため，その規範に則した行動が尊重される。一方で権威の乱用は，それにより威信を傷つけられた個人の忠誠心を損なうことになる。第4に労働環境においてである。友好的で対立や競争のない職場が好まれる。第5に家族においてである。メキシコ人労働者は家族生活と労働の均衡がとれる職場を求めると彼らは指摘する (Espinosa and Pérez 1994, 6-7)。

第4章　ラテンアメリカの企業文化

ブラジルの企業文化

　ブラジルの研究者ビエイラら（Vieira, Sausa and Roscoe 2011）はブラジルの企業文化に関する論考でその特徴を次のように述べている。ポルトガルの植民地支配はブラジルの国民文化に次の2つの特徴をもたらした。第1の特徴は権威主義と家父長主義である。ブラジル社会では家族が重要な役割を占める。民間企業の90％を占めるファミリー企業では，企業文化が家族の価値や規範と緊密に結びついている。ポルトガルから受け継いだ権威主義と家父長主義は効果的な管理手法，イデオロギーとして生き残り，特色ある経営モデル，すなわち，経営者を，家族である企業を維持し，子どもである従業員を物的・道徳的に支える責任をもつ家父長とみなす経営モデルに，価値やシンボルを提供していると指摘する。ブラジルの国民文化の第2の特徴は，創造性と柔軟性で，ポルトガルの貴族的な社会階層制度が生んだ規則一般に対する不信から派生したものである。たとえ法律を無視しても問題を解決しようとする性向に表れている。それが企業活動においては，非公式な手段の利用や不正競争で発揮され，しばしば誠実・透明性・公正を文化とする企業を市場から排除する要因となっている（Vieira, Sausa and Roscoe 2011, 67, 71-72）。

コスタリカの企業文化

　コスタリカの企業文化の特徴としてコスタリカの経済学者ウガルデ（Ugalde）は次のように述べている。第1に，経営の文化的特徴を規定する要因としての家族の重要性である。それは企業経営に次のような形で影響を及ぼす。まず，信頼の基盤として家族集団が重要であり，家族外に対する不信感が強いことである。そのために企業間ネットワークが形成されにくい。つぎに，経営者の選抜が能力でなく信頼がおけるか，端的には家族であるかを基準に行われることである。家族による経営は個人の責任を曖昧にする。そのために非合理的な決定や業績評価，フィードバックの不足が起きる。文化的特徴として第2に挙げるのは，被征服者の話法（lenguaje del conquistado）である。コスタリカに限らずラテンアメリカの人間は一般に，被征服者の話し方である間接話法を用いる。すなわち，相

89

手の体面をおもんぱかり，話の論点を明確に伝えず，それに関係するいくつかの考えを示し，同意と受諾を探る。その話法を経営者が企業経営で用いると従業員には情報が伝わらず混乱が生じる。ウガルデはコスタリカの中小企業の高い廃業率の背景には，以上のような文化的特徴が存在すると指摘する（Ugarde 2009, 295-297）。

以上に挙げた論考の指摘で共通する1つの論点は，イベリア文化が家族のあり方に影響を及ぼし，それが，ファミリー企業が圧倒的比重を占めるラテンアメリカ企業の文化に大きな影響を及ぼしているということである。家族と企業文化の関係については，次節でより詳細に検討する。

（2）移民社会と企業文化

ラテンアメリカ諸国は植民地支配から独立して以降も，スペイン，ポルトガル，イタリア，フランス，ドイツなどの欧州諸国や，レバノン，シリア，日本などから移民を受け入れた。異なった民族の文化が，移民先の企業文化に影響を及ぼすことはなかったのか。この点に関連して中川文雄は，ラテンアメリカは，身体的特徴が中心となる人種に関しては比較的寛容であるが，文化的特性が中心となる民族に関しては，むしろ不寛容な世界であると指摘する。ラテンアメリカにおいては，歴史の大半を通じて，イベリア国家とイベリア人植民者が，また，20世紀にはメスティーソ（先住民と白人との混血）も加わった国民社会の指導者が，文化的一元化の強い働きかけを行ったと述べている（中川 1995, 172）。この点はこれまでに紹介してきた，さまざまな論者が指摘するラテンアメリカの企業文化の特徴に，共通点が多いことからもうなずける。ただし大枠においてイベリア的秩序から外れないものの，企業家の民族的出自のちがいにより企業文化の細部においてちがいがあることを，数少ない社会学者や文化人類学者による事例研究が指摘している。以下にいくつかの事例を紹介しよう。

ブラジルのドイツ系移民コミュニティーの事例

経済学者のハセンクレバー（Hasenclever）は，ブラジルのサンタ・カタリナ州ノバ・フリブルゴのドイツ人移民コミュニティーの事例を分析して

いる。サンタ・カタリナ州はドイツ人移民が集住し，移民系企業により1930年代から工業化が進んだ地域である。1980年代から1990年代にかけて経済危機やグローバル化による困難に直面するなかで，縫製業において大企業の事業縮小と同時に，国内市場向けに生産する零細企業が急増した。そこでの注目される動きに，技術情報の交換，原材料の融通などでの企業間の協力がある。その背景として指摘されるのは，ドイツ人移民コミュニティーのプロテスタント文化に由来する協業の伝統である（Hasenclever 2004, 286）。先の中川も，欧州からの移民集団のなかには，①宗教に支えられた強い民族アイデンティティー，②その結果としての高い内婚率，③孤立した農村部での国民社会や他の集団からの物理的隔絶などに助けられて，長期にわたって民族文化を維持する集団もあったとして，その好例の1つに，ブラジル南部のドイツ系移民を挙げている（中川 1995, 174）。

メキシコ・プエブラのレバノンとスペインの移民系企業の事例

メキシコの文化人類学者ベラ・ムニョス（Vera Muñoz）は，メキシコ・プエブラ州の繊維・縫製業におけるレバノン系移民とスペイン系移民の2つの企業の事例について，経済グローバル化による競争激化の環境下で，前者が成長し，後者が衰退した理由を，経営者の民族的出自に規定された企業文化のちがいに求めている。ベラ・ムニョスは，19世紀にメキシコに渡来した3つの移民集団，すなわち，バルセロネットと呼ばれるフランスのアルザス地方バルセロネット出身者，レバノン系移民，スペイン系移民の企業文化のちがいについて分析したベリョの研究（Bello 2005）を引用し，ちがいを次のように整理している。3つの移民集団の企業文化のちがいは，企業継承者の条件とネットワークの広がりにみられる。企業後継者の条件はバルセロネットの場合，同じ民族であることと高い経営能力であった。スペイン系移民の場合，能力による選抜は，親族・知人の企業で働いていた移民が独立する初期の頃に限られた。その後は能力に関係なく所有者の家族であることが継承者の条件となった。レバノン系移民の場合は能力による選抜過程はなく，継承者は核家族メンバーに限定された。事業ネットワークでは，バルセロネットは家族・同民族の友人に限定されず，

専門職エリートや海外のコミュニティーにまで広がっていた。スペイン人は家族とごく親しい友人に限定された。そのためメキシコのスペイン移民コミュニティーは事業ネットワークとしては分断されていた。レバノン系移民の場合は，個人主義で集住を好まなかったために，集団は細分化，事業ネットワークも分断していた。しかしバルセロネットやスペイン系移民よりメキシコの慣習に同化し，メキシコ企業社会における関係の重要性を認識していた（Vera Muñoz 2010, 83-85）。以上のようなベリョの見方を踏襲して，ベラ・ムニョスはプエブラのスペイン系移民企業の衰退とレバノン系移民企業の成長を，能力ある後継者への継承の成否，グローバル競争に対応した事業ネットワークの構築の成否に求め，成否の背景には民族的出自に規定された企業文化のちがいがあると説明している（Vera Muñoz 2010, 113）。

メキシコ・ユカタン半島のレバノン移民系企業の事例

同じくメキシコのレバノン移民の企業文化を論じた研究に，メキシコの社会学者ラミレス・カリリョによる，ユカタン半島のレバノン移民を出自とする三世代拡大家族の事例研究がある（Ramírez Carrillo 1994）。この地域においてレバノン移民系企業は新興勢力として経済界の一翼を担っている。ラミレス・カリリョはレバノン移民系企業家の事業活動の特徴として，三世代拡大家族と事業組織の緊密な関係を指摘する。そして20世紀初頭から1990年までの事業活動の軌跡をたどり，そのような特徴が形成されたのは，レバノン系移民が，親族や同郷者を呼び寄せ血縁集団を形成したことから家族の結束が強かったうえ，移民先社会とのネットワークを欠いたために，事業ネットワークを家族に頼らざるを得なかったためと説明する（Ramírez Carrillo 1994, 382-383）。家族組織の次の側面は，事業の発展に有利に働いた。第1に家長である企業創設者への権力の集中である。それにより次々と出現する事業機会に対し，家族が保有する社会的・物的資源のすみやかな動員が可能となった。第2に男女の役割分担である。女性は三世代拡大家族の維持に，男性は経済活動へと，役割が分担された。第3に資本の保持と複数企業からなる事業組織への分散である。それらは相

続時に企業単位で息子・男の孫へ分割継承された。三世代拡大家族を理想型とみなす価値観はレバノン系に限らず，地場の企業家が広く共有するものであるが，レバノン系の場合はおかれた歴史的環境により，それがより強固となり，事業活動を活発化させる推進力となった（Ramírez Carrillo 1994, 385-386）。

三世代拡大家族に高い価値をおくのは，地中海文化の価値体系の特徴であり，イベリア的秩序を受け継いだラテンアメリカの企業家にも共通する特徴であるといえる。家族の価値と企業文化の関係を次節でより詳細に検討したい。

3．家族と企業文化

メキシコの経営学者ベラウステギゴイチアは，ラテンアメリカの民間企業の9割が，家族が株式のかなりの部分を所有し，経営に影響力を行使するファミリー企業であると指摘している（Belausteguigoitia 2003, 18）。ファミリー企業においては，所有経営する家族の価値・信条・行動，すなわち家族の文化が企業文化に色濃く反映される。

（1）家族の文化と企業

ラテンアメリカ文化において家族に高い価値がおかれる歴史的要因として，2つのものを指摘できる。1つがこれまでに述べてきたスペイン・ポルトガル植民地の文化的遺制である。個人よりも家族，個人の自由より集団の利益，個人の発展より集団の結束を優先し，カトリックのモデルにのっとった家庭や職場での人間関係，パトロン―クライアント関係を特徴とする価値体系を，文化人類学者のロムニッツとペレス・リサウルは，「地中海コーポラティビスム」と呼んでいる。もう1つの重要な歴史的要因として挙げられるのが，企業活動をめぐる環境である。国家権力が脆弱で制度が未発展な環境で，家族が信用の基盤となり，家族のネットワークが事業のネットワークとして機能してきたということがある（Lomnitz and Pérez Lizaur 1987, 7, 232）。

家族の文化は，親族関係で結ばれた集団が家長のリーダーシップのもとで，国民文化を含む環境条件の影響を受けながら，集団の存続と発展を模索する歴史的経験のなかで形成される。そのために家族の文化はそれぞれ独自の特徴をもつ。しかし同時にスペイン・ポルトガル植民地の文化的遺制を共有することから，共通する点も多い。ロムニッツとペレス・リサウルはメキシコの企業家一族の事例研究によって，メキシコの企業家エリートの親族関係，価値体系と企業活動の特徴を明らかにしている。メキシコ以外のラテンアメリカの国々にも共通する点が多いので以下に紹介したい。

ロムニッツとペレスのファミリー企業論

　ロムニッツとペレスはゴメス（仮名）というある企業家一族の1820年から1980年の歴史を分析している。それによれば，一族の親族関係の特徴は，三世代拡大家族を基本的単位とし，三世代拡大家族内および枝分かれした三世代拡大家族間の結束が非常に堅固なことである。その要因として，パトロン－クライアント関係が一族のなかに形成され，それを基盤に経済的交換が行われ，そのための資源として一族の企業が重要な役割を果たしていること，一族のなかに雇い主や保護者となって親族の面倒をみるリーダー的な男性が存在すること，一族の結束の要となるような女性が親族ネットワークの節目に複数存在し，互いに連絡を取り合い，親族内の情報を収集・伝達する役割を果たしていること，イデオロギーや儀礼を通じて一族独自の文化が保持されていることなどの点が指摘される。企業活動の特徴としては，一族のほとんどの企業家は親族の企業の雇い人として経済活動を開始し，その後独立し，関連事業で自分の会社を立ち上げている。その結果，パトロン－クライアント関係をもつ一族の企業ネットワークが形成された。一族の個々の企業の経営権は1人の経営者に集中し，家父長的な企業支配が行われた。経営者が死去した場合，その事業は息子たちに引き継がれたが，経営権をめぐる争いを回避するために，事業は複数の小規模企業に分散され企業単位で相続された。一族の企業においては家族生活と事業活動が混然一体となっており，家族内の事情が事業上の決定を左右した。たとえば，投資に際して企業が常に考慮に入れるのは，家族の生

活様式を維持するのに十分な利潤であり，そのため短期で高い利潤を上げる投資が好まれた。企業家の資質として最も重視されるのは，社会的なネットワーク開拓の能力である。親族内ネットワークが事業，情報のネットワークとなり，親族外のネットワークが資源と政治的影響力に接近するためのネットワークとなった（星野 1990, 119-120）。

　ロムニッツとペレスの議論からは，ファミリー企業の成長を考えるうえで重要な2つの論点が浮かび上がってくる。1つは企業の継承の問題である。事例では事業は息子のあいだで分割され継承された。そのことの問題点として，ほぼ30年ごとに経営者が変わり企業資産が分割され，その結果として資本蓄積過程が中断されることが指摘されている。継承問題はファミリー企業の成長の前に立ちはだかる壁の1つであるといえる。もう1つの論点は親族内，親族外のネットワークの働きである。ロムニッツとペレスはネットワークを経済的な資源に転化が可能な社会資本とみなし，その開拓能力をメキシコのファミリー企業の成長の重要要素と考えた。

（2）ファミリー企業と社会資本
社会資本とは

　社会資本とは社会学において関係やネットワークの社会的・政治的・経済的な役割の分析に用いられる概念である。メキシコのファミリー企業の社会資本を分析したラミレス・パシリャスらの整理によれば，社会資本には関係，構造，認知の3つの側面がある。関係の側面とは，社会に埋め込まれ，関係やネットワークを介して入手できる資源を意味し，具体的には信用，行動規範，威信，強い誘因などを指す。構造の側面とは関係やネットワークの構造的特徴を意味し，相互作用の種類や形態，違った目的への流用可能性，ネットワーク参加者のネットワーク上の配置などを指す。認知の側面とは集団が共有する言語，語彙，コード，言説，目的，ビジョン，文化などを指す。信用，行動規範，価値と結びついた社会資本は，決定や情報の流れに強い影響力を及ぼすために，価値ある資源として経済的目的を遂行するために利用することが可能である（Ramírez-Pasillas, Sandoval-Arzaga and Fonseca-Paredes 2011, 152-153）。

社会資本はファミリー企業の成長原資

　ラテンアメリカのように不確実性が高い事業環境においては，社会資本が事業機会の獲得を容易にし，企業の存続と発展に重要な影響を及ぼす。そのためロムニッツとペレスは，ファミリー企業の，一見，会社資本の浪費や流用とみえる現象，たとえば家族の華美な生活スタイルや社交への過度の出費も，社会資本の観点からみれば，ネットワークの開拓と維持のための投資の意味をもつと指摘する（Lomnitz and Pérez Lizaur 1987, 232）。

　社会資本は言語，ビジョン，文化の共有という認知の側面をもつ。それに規定されて，ファミリー企業の関係やネットワークには，社会集団ごとに広がりと密度のちがいがみられる。

　先に紹介したメキシコ・ユカタン半島のレバノン移民系企業の事例を分析したラミレス・カリリョは同じ論文で，同地域のメスティーソ（スペイン人と原住民の混血）系の新興ファミリー企業の事例も分析している。メスティーソ系とレバノン移民系とのちがいは，前者は現地社会に根づいているために，関係やネットワーク形成がより容易であることである。メスティーソ系企業の事例では，新事業を開始する時に出資し合う出資者の非公式ネットワークが存在し，それが事業の成功要因として重要であったことが指摘される（Ramírez Carrillo 1994, 385）。レバノン移民の場合は，ネットワークを家族の外に形成することが難しかったために，家族のネットワークが社会資本として深耕された。

　デ・ゴルタリとサントス（De Gortari and Santos 2010）はメキシコ農村の食品と金属加工の零細ファミリー企業の事業活動の事例を分析し，グローバル化による競争にさらされることなく農村で零細ファミリー企業が存続する理由として，ニッチ市場の存在と，事業ネットワークを支える家族と農村社会の関係を指摘する（De Gortari and Santos 2010, 132）。それと対照的な事例を紹介するのはペレス・リサウルである。彼女はメキシコ市郊外の農村毛織物工業の事例を分析し，経済グローバル化後，中国や中米からの輸入の脅威により事業者のインフォーマル化が進行していると指摘する。メキシコの農村零細ファミリー企業の問題として彼女が挙げるのは，

社会関係の狭さである。事例では事業ネットワークの範囲は二世代家族と名づけ親，同じコミュニティーの友人にとどまる。一方でコミュニティーでの社会関係を維持するためには祭りへの出費や自治への貢献が必要とされる。貧弱な社会資本と定期的な経済資源の流出のために企業の成長の展望は描きにくい（Pérez Lizaur 2010, 156）。先に紹介したブラジルのサンタ・カタリナ州ノバ・フリブルゴの縫製業の事例では，反対にグローバル化による困難に直面するなかで零細企業によるネットワークの形成が進んだ。その背景にあるのは，ドイツ人移民コミュニティーのプロテスタント文化に由来する協調の伝統であった。

以上の事例は，社会資本は経済資本に転化が可能な資本であるが，経済資本と同様に，その形成には主体的能力と環境が必要であること，主体的能力に影響をあたえる１つの要因が文化であることを示している。

4．イベリア的秩序と企業成長の壁

この節ではこれまで紹介してきた諸研究の議論をふまえて，企業文化が企業の成長にどのような影響を及ぼしているのか，より端的には，企業文化が企業成長の壁とどう関係しているかを考えてみたい。論点として取り上げるのは，イベリア的秩序の核心ともいえる家族とヒエラルキー組織構造の２つである。

（１）家族と企業成長の壁

家族が企業成長の壁とどう関係しているかという問いは，言い方を変えれば，ファミリー企業の成長の壁は何かということであろう。

継承の壁・人材の壁・資金流出の壁

ファミリー企業が必ず直面する壁として第１に指摘できるのは，継承の壁である。相続による企業所有権の分割と経営者の交代は，経営者家族の世代交代のたびに起きる。企業所有権が分割されても，企業資産と経営の一体性が保持されるように何らかの手立てをとらなければ，企業成長は中

断する。第2に人材の壁を指摘できる。相続の際の事業継承者の第1の条件は親族，多くは息子であり，能力は重視されない。親族を雇用する場合も，家長である経営者の当然の務めと考えられ，能力は重視されない。従業員の雇用においても，採用の際に重視されるのは，能力よりも仲間の輪のなかの人間であるか，あるいはなかの人間の信用を得ているかである。能力を重視する企業と比較して，ファミリー企業は人材の質が企業成長の壁となりやすい。第3に家族の経済生活のなかに企業が埋め込まれることによって起きる企業資金の流出が，企業の資本蓄積を阻み，成長の壁となりやすいことである。企業のなかで家族の価値や構造が支配する企業を，先に紹介したベラウステギゴイチアは家族主義企業（empresa familista）と呼んでいる（Belausteguigoitia 2003, 43）。その特徴は資金の使い道や人の雇用において，企業に不利益となる場合でも家族の要求を満足させようとする点にある。ファミリー企業は経営者の資質如何で家族主義に陥る危うさを抱えている。ロムニッツとペレス・リサウルが指摘するように「浪費」や，能力を問わない採用は，社会資本形成のための投資の側面をもつ。しかし社会資本は外部の経済資本の調達を可能にするが，同時に内部の経済資本の劣化を引き起こす危うさも抱えているといえる。

（2）ヒエラルキー構造と成長の壁
テイラー主義と相性のいいヒエラルキー構造

図4-1に第2章で紹介した先行研究が指摘するラテンアメリカ企業のヒエラルキー組織構造の特徴を概念図にして示した。おもな特徴として，経営者への権力の集中，権威主義的上下関係，上から下への一方的情報伝達に基づく指揮，権力の集中を受容し権威に従順で，判断せず意見をいわない従業員などを挙げることができる。このようなヒエラルキー組織構造はテイラー主義と相性がいい。テイラー主義とは20世紀初頭に米国でフレデリック・テイラーが提唱した科学的生産管理を指し，頭脳労働と肉体労働の分離，作業分担の細分化，作業の標準化と単純化を特徴とする。テイラー主義では生産現場の労働者には，計画を担う管理部門の指示どおりに作業することが要求される。情報の流れは上から下への一方通行であり，

第4章　ラテンアメリカの企業文化

図4-1　ラテンアメリカ企業のヒエラルキー構造概念図

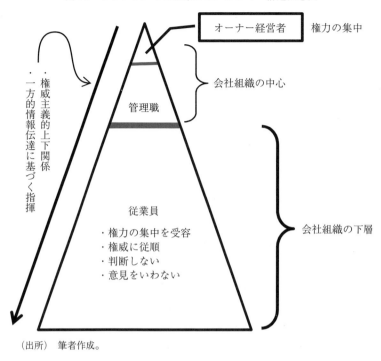

（出所）筆者作成。

作業者は指示に従順であることが求められる。テイラーの科学的生産管理は20世紀初頭の米国における労働市場の実態，すなわち，無教育で，多くは相互に意志疎通もできない欧州諸国からの移民からなる労働者を前提に考え出されたものだった。当時の米国の状況は，労働者全般の教育水準が低く，階級格差が大きい現在のラテンアメリカと似ている（星野 2014, 138-139）。このようなヒエラルキー組織構造は，経済グローバル化により競争が激化し，通信情報技術の発展と普及により情報伝達，技術革新が急速なテンポで進む現代において，次のような問題をもつ。

ヒエラルキー構造は経済グローバル化対応への足かせ

第1に知識の移転・学習との相性の悪さである。知識は暗黙知と形式知

の2つの要素からなる。知識を移転する場合，形式知はマニュアルや数値化された情報によって移転が可能となる。ただし形式知とともに暗黙知も移転しなければ，知識はうまく移転できない（ポランニー 2003）。暗黙知の移転には，その特性のために人と人との接触を介した学習が必要とされる。知識の学習は出し手の個人から受け手の個人へ，そして受け手の個人から組織へと進むが，その際に必要とされる受け手の条件は，最低限の吸収能力と意欲的参加である。下からの情報伝達経路を欠いた硬直的なヒエラルキー組織構造は，知識の円滑な移転・共有と相性が悪い。

第2に，第1の点とも関連するが，効率化や改善のために生産現場の有用な情報や意欲を引き出すことが難しいことである。そのためにラテンアメリカの企業文化は日本的生産方式と相性が悪い。日本的生産方式の1つの特徴は，生産現場へ責任と権限の一部を委譲し，作業者が品質管理の責任と生産工程の改善の一端を担う点にあるが，その前提は，考え判断する作業者の存在，および組織内の情報の円滑な流れと，その共有と蓄積である。それらの前提を欠いているために，日本的生産方式は浸透しにくいといえる。

以上の考察から導き出される結論は，家族とヒエラルキー構造をイベリア的秩序の核心と考えれば，イベリア的秩序は，経済グローバル化による厳しい競争環境のもとでは，企業成長の桎梏と成り得るということである。ラテンアメリカの企業階層構造において中規模企業の層が薄いのも，要因の1つは，企業文化によって企業がなかなか成長の壁を超えられないことにあるのではないかと考えられる。

おわりに

本章の考察から企業文化の変化についてどのような展望が描けるのだろうか。イベリア的秩序は社会の文化であり，社会を根本から動揺させる変動，たとえば革命や戦争を経験しないかぎり，それが大きく変化する展望は描きにくい。しかし企業文化は事情が異なる。企業文化は社会の文化の影響を受けはするが，文化の意識的な変更が可能なためである。組織文化

論の先行研究が一致するところは，経営者のリーダーシップが変化の鍵を握るという点である。企業文化が変化するには，まず経営者の変化が必要となる。

経営者の変化はどのようにして起こるのだろうか。

第1に，第1節で紹介したディクソンが指摘するように，経営者のなかには常に少数ながら社会の文化の価値に対し思い入れがごく弱い経営者が存在する。そのような経営者が，同様に思い入れの弱い従業員を雇用し，イベリア的秩序から逸脱した独自の企業文化を形成することは十分に考えられることである。

第2に，イベリア的秩序を企業文化とする企業の経営者が，競争環境に合わせて企業文化に修正を施す場合が考えられる。たとえば1990年代以降，ラテンアメリカ主要国で財閥が急成長を遂げたが，そうした財閥の多くは国際金融市場に資金調達の道を開くために，ガバナンス改革による家族と企業の分離，経営者に対する監視強化を受け入れている。

第3に，経済グローバル化の進展によりさまざまな方法，たとえば海外留学，進出した外資系企業での就労経験，国内外の外資系企業との取引関係を通じて，外の文化を経験する機会が増え，新しいタイプの経営者が現れる場合が考えられる。

イベリア的秩序は社会の文化であること，それに加えて，そのなかにいる人々に居場所と精神の安寧，情緒的絆を提供するという意味で，企業文化としても居心地がいいこと，この2つの理由から，企業文化としてのイベリア的秩序は揺るがないと考えられる。企業文化に変化が起きるとしたらそれは，現在のところ局所的に観察されるにとどまる経営者の変化や新しい企業文化の出現が，より広範に観察されるようになり，旧来の企業文化に影響を及ぼすときであろう。それがいつであるかは，経済グローバル化のもとでの競争激化のスピードと，イベリア的秩序の競争環境への耐性あるいは適応力次第と考えられる。

第 5 章

ラテンアメリカの
中小企業政策の発展経緯と特徴

ブラジルの首都ブラジリアの国会議事堂　　　　　　　　（2009 年 11 月，二宮康史撮影）

はじめに

　ラテンアメリカ経済は2000年代以降，順調な成長を遂げた。経済の担い手となる企業に注目すると，その数の大部分は本書のテーマである中小企業により占められるが，彼らを取り巻く状況は経済面のみならず，政策面でも大きく遷り変わっている。1950年代頃からの工業化の歴史を振り返れば，その担い手として政策の対象とされたのは大企業であり，中小企業は取り残された存在であった。しかし1990年代の経済自由化を経て2000年代以降の状況をみると，中小企業を対象とした公的融資やイノベーション投資を促す支援拡充，さらに小規模事業者に焦点を当てた行政手続きの簡素化，起業家支援など，その構図は大きく変化している。

　ラテンアメリカの中小企業政策は，近年，企業の生産性を高める産業政策としての位置づけを強めてきたが，その一方で歴史的背景に根差す社会的格差への対応という性質が強く残っている。本章ではこのような特徴を，中小企業政策の発展経緯，現在の政策内容の検証を通じて明らかにする。本章の構成は次のとおりである。第1節でラテンアメリカの中小企業政策の意義と中小企業の役割を確認する。第2節で中小企業政策の発展経緯を振り返る。第3節では中小企業政策にかかわる法律と政策内容を検討し，課題に言及する。最後に，本章で明らかとなった点を総括する。

1．政策の意義と中小企業の役割

「市場の失敗」にみる政策の必要性

　先進国，途上国を問わず世界各国で実施されている政策のなかで，「中小企業政策」と呼ばれるものは存在するが，一方その対として「大企業政策」と呼ばれるものを聞くことはない。なぜ「中小企業」と企業の規模を限定して政府が政策関与する必要があるのであろうか。一般的に経済学上では，政府の役割は「市場の失敗」ととらえられる分野で発揮される。「市場の失敗」とは，市場による効率的な資源配分が機能しないことを指

すが，具体的には「規模の経済の存在」「外部経済・不経済」「公共財の提供」「情報の非対称」などがある（八田 2008, 4-7）。

では中小企業が直面する「市場の失敗」とは具体的に何であろうか。典型的な事例は資金調達での問題である。小規模事業者が新たなプロジェクト開始に伴う投資をする際，自己資金で賄えない場合は外部から資金を調達する必要がある。しかし融資を申し込んだ金融機関が，小規模事業者への貸出リスクを十分評価できず，利益の出るプロジェクトであっても融資が行われず，結果的に投資を見合わせざるを得ないというケースが挙げられる。もし融資を申し込むのが株式公開されている大企業であれば，審査に必要な財務状況の把握は容易だが，小規模事業者の財務状況は金融機関側には把握しにくい。つまり，中小企業向け融資では「市場の失敗」のなかでも「情報の非対称」の問題が発生する。別の例では，小規模事業者が従業員教育や技術支援など会社の業績向上に資する取り組みを行おうと思っても，それらのサービス提供者が大口案件を優先し小口案件に対応をしないケースが考えられる。この場合，提供者が小規模企業のニーズに応じた商売のスケールダウンを行おうとしない，あるいは行わないということにより小規模事業者の発展機会が失われることになる。この例は「規模の経済の存在」と関係する。供給業者にとって，サービスを提供するために必要な固定費は顧客の規模により低減しないが，売上は利益の少ない小規模事業者にサービスを提供することで大幅に縮小する，という問題がある（Pagés 2010, 209）。

各国で行われている中小企業政策は，これら「市場の失敗」に位置づけられる問題で，企業規模が小さいことによる成長の制約条件が存在することを前提に実施される。

中小企業に期待される役割

つぎに，中小企業がその国の経済や社会においてどのような役割を担うのか検討したい。中小企業の成長が各国あるいは地域の健全な経済・社会発展の重要な要素であるという考え方は，広い共通認識である。なぜならいずれの国・地域でも所在企業の大多数を中小企業が占め，経済の活力，

技術革新，雇用創出に大きな役割を担うことが期待されるからである。

　しかしその役割への期待は，各国の歴史的・文化的背景，経済社会の発展段階や産業構造，さらには自国のおかれた国際競争環境によって多様であると同時に，その役割も時代状況に応じて変化している（福島 2002, 13）。例を挙げると，日本や米国，欧州連合（EU）のような先進国では，途上国と比較し，通信や交通など事業環境インフラが整った状態にあり，かつ事業者あるいは従業員の教育水準も高い前提のもとで，新産業あるいは技術革新の担い手としての役割が重視される傾向が強い。一方，途上国は社会インフラが未熟で所得，教育水準も低いという環境のなか，先進国と同じような役割を中小企業が担うことは難しい。むしろ貧しい地域での雇用の受け皿や自立的な企業活動を通じて所得を改善し，地域の発展を促すといった役割が現実的な期待だろう。つまりとくにラテンアメリカ諸国を含む途上国では，中小企業の発展は社会に対するいわばセイフティネットとしての機能を発揮し，より広範な経済発展と貧困削減を促す役割が期待されている（ESCAP 2012, 13）。

　ラテンアメリカにおける中小企業の存在意義について，経済協力開発機構（OECD）および国連ラテンアメリカ・カリブ経済委員会（ECLAC）は，①科学技術の発展や，組織の変化をもたらし生産性向上を促す役割，②大企業の規模経済を補完する役割，③生産クラスターを形成する役割，④零細企業の収入を増やし彼らの脆弱性を改善することにより社会包摂を実現する役割，の4つを掲げ，ラテンアメリカ経済に変革を促すための中小企業の役割を強調している（OECD and ECLAC 2012, 44-45）。つまりラテンアメリカの中小企業は，①のようにおもに先進国で期待される要素に加え，④のようにおもに途上国で期待される要素，両面での役割が求められている。

　政策実施の根拠に挙げた「市場の失敗」と，中小企業に求められる役割を照らし合わせた場合，零細企業を対象とした社会包摂などの政策を「市場の失敗」の理念に厳密に沿った形で実施することは容易ではない。たとえば，「情報の非対称」を根拠に公的融資制度が整備されたとして，融資を活用し事業を発展される能力が企業側に備わっていなければ意味がない。

第1章でラテンアメリカの中小企業の特徴として「不均質性」（Heterogeneity）を指摘したが，企業の大多数を占める規模の小さい企業は，極端に低い生産性や経営能力の問題を抱え，より多面的な支援が必要となる。政策を実施するうえではそこに社会的格差問題への対応という要素が介在する。そもそもラテンアメリカでは大土地所有制などスペイン，ポルトガル植民地体制以来の遺制に起因する所得分配の不平等性と社会階層分化があり，この「市場の失敗」の議論だけでは問題解決に導けない社会・経済的諸条件が存在する（西島・小池1997）。そこにラテンアメリカの中小企業政策の特徴が現われると同時に，政策実施面での難しさも見出すことができる。すなわち政策のなかで，産業政策で目的とされるところの生産性向上を重視するのか，社会的格差問題への対応を重視するのかという問題である。ラテンアメリカの中小企業政策はこのような問題をはらみながら発展してきたわけであるが，次節でその経緯を振り返る。

2．政策の発展経緯

工業化初期に金融支援制度から発展

ラテンアメリカの工業化は1950年代以降の輸入代替工業化の導入を契機に進んだが，おもに大企業を主体とした工業化であり中小企業に対しては開発戦略のなかで明確な位置づけを欠いたまま進められた（Ferraro y Stumpo compiladores 2010, 20）。つまり当時は中小企業政策自体が重視されていなかったといえる。しかしその環境下にありながらも，後の中小企業政策の支柱となる金融支援制度の整備が始まった。

たとえばブラジルでは現在，中小企業向け融資の代表的な公的融資機関として国立経済社会開発銀行（BNDES）がある。この前身である経済開発銀行（BNDE）は，1960年に中小企業向け融資を検討する中小企業支援グループ（Geampe）を組織し，1964年に中小企業向け融資プログラム（Fipeme）を開始した。これをきっかけに同じ政府系金融機関の連邦貯蓄公庫（Caixa Econômica Federal）が融資プログラムを始め，民間商業銀行も中銀の強制預託金を利用した中小企業向け融資を拡大した。

また，メキシコでは1953年に創設された産業保障基金（Fogain）により中小製造業向け低利融資制度が始まった。その後，研究開発基金（FONEP）や産業振興基金（FOMIN）など金融支援を行う基金が創設され，それらは1978年に中小工業統合支援プログラム（PAI）に統合された。PAIは単なる融資機能にとどまらず，プログラムに参加する企業のあいだでの情報交換や科学技術・研究機関の紹介など，中小企業の技術，経営面での指導を試みた点で大きなちがいがあった（Maria y Campos 2002, 13, 21）。そのほかにペルー，チリなどでも1970年代から1980年代にかけて金融支援制度が整備された。現代の制度から考えれば，融資実績や支援を受けられる中小企業の数は限定されていたが，この時代に確立された金融支援制度がその後の中小企業政策の発展の基礎となった。

1990年代以降，支援体制を官民共同にシフト
ラテンアメリカの経済発展に大きな役割を担った輸入代替工業化は，1980年代の債務危機の時代に終焉を迎えた。各国は1990年代にかけてワシントン・コンセンサスに基づく新自由主義経済改革を進め，市場原理に立脚した政策運営へと移行する。それはつまり，政策介入の前提条件として「市場の失敗」を重視する姿勢が強まることを意味した。その結果，1980年代までの大企業を中心とした工業化政策はその姿を消し，その代わりに「市場の失敗」に照らし合わせて必要性の認められた中小企業政策が本格化した。この時代の政策の特徴は，これまで実施してきた金融支援を民間との連携でより多くの中小企業に普及させるもので，市場機能の活用に重点がおかれた。また同時に，経営支援や技術支援などメニューの多様化が図られた。

具体的に各国での動きをみると，ブラジルでは，中小企業政策の公的実施機関として存在していた，ブラジル中小企業経営管理支援センター（CEBRAE）が，1990年に非営利民間組織に改組され，零細・小企業支援サービス（SEBRAE）として発足した。改組は工業団体の民間代表者などが運営審議委員となることで，企業実態に即した事業実施が期待されたものである。ただし，SEBRAEは民間組織となりながらも，労働者にかか

る連邦社会負担金の一部を財源とすることが認められたことで安定的な予算を確保し，人員を含めて機能強化が図られた。

またチリの中小企業政策は民政移管後の1990年代から本格化する。経済省が政策を策定し，産業開発公社（CORFO）がその実施機関としての役割を担うようになった（Alarcón and Stumpo 2001, 171）。CORFOは中小企業向け支援ツールを全国に普及させるため，技術サービスを提供する民間コンサルタントや，CORFOが認定する地方組織などと連携し支援体制を整備した。

コロンビアでは，1991年に産業振興機構（Instituto de Fomento Industrial）を設立し，ここから民間銀行などを通じて企業への融資を開始した。1994年には中小企業振興プログラム（Programa Propyme）を開始し，融資と合わせて技術移転，人材育成，マーケティングなどを組み合わせた支援を実施した。このプログラムは，これまで融資を受けることができなかった中小・零細企業の利用を促し，「融資の民主化」を進めた（Villamil y Tovar 2002）。

ペルーでは1990年代に入ると，中小企業支援を事業とする金融機関やコンサルタントなどの民間組織が育つ環境整備や，中小企業向け情報提供を促進するため関連機関のネットワーク形成が進められた。具体的には，零細企業銀行（MIBANCO）や資材銀行（BANMAT）など中小企業を顧客とする金融機関を設立したほか，中小企業開発機関（EDPYME）のように，中小企業に資金を提供するNGO等の団体が金融機関として機能できる制度を構築し，民間企業の参入を促した。これにより，融資を受ける中小企業は「受益者」から「顧客」へと変わった。

クラスター，イノベーション政策の発展
1990年代に中小企業政策は，金融支援から経営指導や技術支援，輸出促進など裾野を広げることで重要性を高めてきた。なかでも産業政策において中小企業の役割が明確化されたのは，産業クラスター支援の開始である（産業クラスターの詳細は第3章を参照）。クラスターはイタリアの地場中小企業の発展が成功事例として取り上げられたことから注目され，米国

の経営学者マイケル・ポーターも経営戦略論のなかで扱っている（Porter 1990）。ラテンアメリカ諸国の中小企業政策でも，この概念を取り入れることにより，融資や経営指導などの個別企業支援から，地理的に集積して立地する企業グループを対象とした支援へと新たな展開がみられるようになった。

その取り組みが最も進んでいるとされるブラジルでは，2000～2003年の国家多年度計画（PPA 2000-2003）で，当時の科学技術省（MCT）の実施事業として産業クラスター（Arranjo Produtivo Local：APL）支援が初めて盛り込まれた。クラスター支援は次の多年度計画，そして政権交代後の2004年3月に発表された産業科学技術貿易政策（Política Industrial, Tecnológica e de Comércio Exterior：PITCE）にも引き継がれ，開発商工省（MDIC）がコーディネーターとなり，省庁・官民横断でAPL常設ワーキンググループが設立された。クラスター支援はこれまでのブラジルの中小企業政策の位置づけを大きく変えるきっかけとなった。ナレットらは，「これまでBNDESや政府系企業が産業政策で中心的な役割を担うなかで大企業のみに焦点が当たっていたが，中小企業政策が初めて企業システムの競争力強化，地域経済振興を担う戦略的な取り組みとして位置づけられた」と述べている（Naretto, Botelho e Mendonça 2004, 98）。

クラスターと並んで，産業政策のなかで中小企業の地位が確立された分野にイノベーション政策を挙げられる。取り組みが最も進んでいるとされるチリでは，1990年代初めから企業が新たな技術を導入あるいは製品開発に取り組む費用の一部を負担するFONTECや，企業が非営利の研究機関や大学と共同で行う研究プロジェクト費用の一部を負担する開発イノベーション基金（FDI）を設けるなど，中小企業のイノベーション支援に取り組んできた。これらのプログラムは2005年にINNOVA CHILEという基金に引き継がれている。またイノベーション政策の一環で起業家支援も行われている。ラテンアメリカ地域の起業家支援はもともと，失業問題やインフォーマル経済問題への対応という社会的な意義が重視され（OECD and ECLAC 2012, 54-55），イノベーションにつながるような科学技術的な要素は希薄であった。しかし近年，イノベーションを重視した「ス

第5章 ラテンアメリカの中小企業政策の発展経緯と特徴

表5-1 ラテンアメリカ主要国の産業政策における中小企業

国名	産業政策の名称および実施期間	中小企業への言及内容
ブラジル	ブラジル拡大計画（Plano Brasil Maior：PBM）2011～2014年	「貿易」「投資」「イノベーション」など強化すべき項目が並ぶなかで、「小規模事業者の競争力強化」として中小・零細企業が取り上げられている。具体的な方策として運転・投資資金の融資拡大や、政府調達における小規模事業者の参入促進を挙げている。また中企業については、「地域開発に向けた特別措置」で言及された、開発商工省の産業クラスター（Arranjo Produtivo Local：APL）常設ワーキンググループや、科学技術支援、生産連鎖の強化などで支援対象となっている。PBMが掲げた10の数値目標のうちの1つに、「中小・零細企業の競争力強化：イノベーティブな中小・零細企業数を2008年の3万7100社から2014年までに5万8000社に引き上げる」とある。
メキシコ	2013～2018年国家開発計画（Plan Nacional de Desarrollo 2013-2018）	「メキシコを潜在可能性最大限に引き上げる」という目標のもと中小企業政策について、「国家の開発戦略あるいはメキシコ国民の厚生を築くうえで、政権のアジェンダにおける重要な鍵になる」と強調している。具体的な政策方針として「目的4.8：国家の戦略的分野の開発」の「戦略4.8.4：企業家振興、中小・零細企業の強化」のなかで、戦略的産業分野におけるサプライチェーン参加促進、中小・零細企業の科学技術・情報通信分野における能力開発を通じた高付加価値分野への参入促進、融資アクセスの改善などを挙げている。
チリ	全国民のためのチリ（Chile de Todos）、2014～2018年	経済プログラムの1つに「中小・零細企業の事業」（Emprendimiento de Micro, Pequeña y Mediana Empresa）を掲げる。内容は中小・零細企業の経営、生産性の向上を図るために個別企業の経営診断体制の強化、政府調達における中小・零細企業の参加促進、零細・小企業向け金融組織の強化、大企業のカルテル防止、展示会出展支援、税手続きの簡素化などを掲げている。
コロンビア	生産変革プログラム（Programa de Transformación Productiva）、2008年発表	貿易観光産業省（MinCIT）傘下の工業銀行であるBancoldexが運営するプログラム。農業関連産業、製造業、サービス業から合計20の部門を選んで、企業の競争力強化を支援している。対象を中小企業に絞っているわけではないが、実質的には中小零細企業への支援が中心となっている。具体的には人材育成、規制、イノベーション、インフラの4つの側面から支援する。
ペルー	国家生産多様化計画（Plan Nacional de Diversificación Productiva）、2014年発表	中小・零細企業は、計画で掲げられた3つの方針、①生産の多様化促進、②制度の改善、手続きの簡素化、③生産性の向上のいずれにも取り上げられている。①の項目では新規事業立ち上げを支援するプログラム実施やエンジェル税制の整備、②では中小・零細企業への対応を念頭においた税手続きの簡素化、③では中小・零細企業科学技術普及プログラム、クラスター支援プログラム、中小・零細企業サプライヤープログラム、ファクタリングや相互保証組織などを通じた中小・零細企業向け融資スキームの拡充が挙げられている。

（出所）　各国政府資料より筆者作成。

タートアップ」(Start-up) と称される起業家支援がラテンアメリカ各国で行われている。チリで2010年から実施されているStart-up Chileでは，雇用や付加価値の面で成長性の高い（High-impact）企業を重視し，国内に立地すれば企業家の国籍を問わず助成金を支出している。つまりチリを拠点として国際市場で活躍できる起業家の育成を意図したものである。

これまでみてきたようにラテンアメリカの中小企業政策は，時代を追うごとに存在感を高め，産業政策のなかでその地位を築いてきた。とくに近年のラテンアメリカの各国の産業政策における中小企業の位置づけをまとめると表5-1のようになる。その全体的な流れをみると，社会的格差の是正という特徴が薄まっているように映る。しかし本当にそうであろうか。次節で現在行われている政策の中身を検証しながら，ラテンアメリカの中小企業政策の特徴をより詳しくみることにしたい。

3．現在の中小企業政策にみる特徴

（1）ビジネス環境改善を意図した法整備
行政手続き上の問題に重点

各国には中小企業政策の基本をなす法律が存在する。以下の表で，ラテンアメリカ主要6カ国における，中小企業定義を定めた国レベルの法律を一覧にした（表5-2；巻末附表7）。ここで指摘できるのは各法律が制定された年代的な特徴である。いずれの法律も1990年代以降制定されたが，1990年代から2000年前後のアルゼンチン，コロンビア，メキシコと，2000年代後半以降のブラジル，チリ，ペルーに分けることができる。

この分類で法律の特徴をみると，前者は中小企業政策にかかわる機構・組織に加え，金融支援，科学技術振興，企業家の能力育成や情報提供など典型的な中小企業政策の支援ツールに言及したものが多い。それに対し，後者のうちブラジルとチリは，規模の小さい企業の制度面での差別化，いわゆるビジネス環境整備の特徴を有する。たとえばブラジルの補足法律第123号の構成は，税・負担金制度の簡素化，政府調達における市場アクセス改善，労働法規適用簡素化，行政による企業監査柔軟化，裁判制度での

表 5-2　各国の中小・零細企業定義を定めた法令

国	法令	法令の目的
アルゼンチン	1995 年法律第 24467 号，2000 年法律第 25300 号（中小・零細企業振興法），2013 年決議第 50 号	国の生産活動を発展させる中小・零細企業の競争力強化を目的とし，生産構造のより統合された，均衡した，質の高い，効果的な発展を促すために新たな措置および現行の措置を更新する。
ブラジル	2006 年 12 月 14 日補足法律第 123 号（零細・小企業一般法）	零細・小企業の優遇的な扱い規則を定める法律。連邦，州，連邦直轄区，市レベルでの納税制度，雇用制度，融資制度，政府調達制度，科学技術制度，組合制度，包摂規則それぞれに優遇的な扱いを認める。
チリ	2010 年法律第 20416 号（小規模企業特別法）	企業の規模や発展度合を勘案したうえで，開業，操業，廃業の各段階における規則を定め，小規模企業の発展を促すことを目的とする。
コロンビア	2000 年法律第 590 号	中小・零細企業を雇用創出，地域開発，各分野の経済統合，小規模資本や企業能力の活用するための存在としてみなし，中小・零細企業全体の発展を促進することを目的とする。
メキシコ	2002 年 12 月 30 日付け官報公示「中小零細企業の競争力を高めるための法律」	中小・零細企業の振興，中小・零細企業の事業実現性，生産性，競争性，持続性を支援することにより，国家の経済開発を促進することを目的とする。これは中小・零細企業の雇用や社会厚生，経済性増加を目的とする。
ペルー	2008 年 9 月 30 日付け官報公示政令 No.007-2008-TR および 2013 年 7 月 2 日付け官報公示法律第 30056 号（生産発展，企業成長促進法統一文書）	中小・零細企業の正規化，発展，競争力向上に向けた基本法令。民間投資や生産，国内外の市場アクセス，起業，企業組織の改善を，これらの企業単位の持続的発展を伴う形で促進させる政策，機関の創設。

（出所）　各国法令をもとに筆者作成。
（注）　法令の中身は巻末附表 7 を参照。

特別措置など，おもに零細・小企業が行政手続き上，簡素化，軽減され得る事項を定めている。チリの小規模企業特別法も，中小・零細企業に影響する行政規則の改定手続きの周知，行政監査の透明性確保，営業許可発行の柔軟化，衛生規則の柔軟化，企業再建および廃業規則などの条項を定めている。これらの項目が取り上げられる背景には，行政手続きにあたり中小企業の費用負担が，売上や従業者規模の大きい大企業に比べ相対的に重く，規模の小さい企業の正規化を妨げる要因になっていることが挙げられる。

　ペルーの法律は，前者と後者の要素を併せ持つ。2008年9月30日付け官報公示政令No.007-2008-TRおよび2013年7月2日付け官報公示法律第30056号（生産発展，企業成長促進法統一文書）をみると，第2章で企業の正規化を促すための制度環境改善をうたい，第3章で人材育成や情報提供，技術サービスなどビジネス開発サービス（BDS）に関する項目が取り上げられている。ペルーの場合，2008年に定められた「零細・小企業の競争力向上・正規化・発展および尊厳ある雇用増進に関する政令」（政令No.077-2008-TR，通称「零細・小企業法」）が政策の基本をなし，企業の競争力向上を意図する一方で雇用拡大を主要な目的としていた。これが2013年7月2日付け官報公示法律第30056号により，企業の競争力向上を意図した産業振興に目的の比重が移され，その政策管轄省庁も労働雇用促進省から生産省に移されたという経緯がある。ちなみに以前の法律では零細・小企業のみ定義されていた。これを法律第30056号により，成長する小規模企業が，支援の適用から外れることを恐れて企業の成長を抑制することのないよう，新たに中規模企業の範囲を定め支援の対象とした。

ビジネス環境整備にみる社会的格差問題への対応

　このように，ラテンアメリカでは近年，中小企業を取り巻くビジネス環境改善を意図した法制度の整備が進んでいる。しかしその法律の詳細を比較すると，異なる特徴が見出せる。たとえばチリとブラジルでは，対象とする企業の規模は，チリが中規模企業以下であるのに対し，ブラジルはより規模の小さい零細・小企業に限定している。また，法律で規定する項目

を比べると，チリが一部の行政手続きの簡素化にとどまる一方，ブラジルは税務，労務など企業活動の根本をなす制度に及ぶ。さらに法律に掲げられる目的を比べると，チリでは，「企業の規模や発展度合を勘案したうえで，開業，操業，廃業の各段階における規則を定め，小規模企業の発展を促すことを目的とする」とある。それに対しブラジルでは，「連邦，州，連邦直轄区，市レベルでの規則について，零細・小企業の特別的かつ優遇的に扱う規則を定める」とある。つまりブラジルでは，零細・小企業を対象に，ビジネス環境面での「優遇」を意図した内容となっている。

　なぜこのようなちがいが生じるのか，その理由としてブラジルの同法律が定められた背景を指摘できる。零細・小企業一般法は，1988年憲法で規定された「零細・小企業に対する特別な扱い」に関する補足法律に位置づけられ，より広範な意味合いをもつ。ブラジルの中小企業政策の実施機関であり，同法の策定に深く関与したSEBRAEは法律の目的を，「雇用の創出，所得分配，社会融合，インフォーマルセクターの縮小，経済の強化につながる零細・小企業の発展，競争力の強化に貢献する」と説明しており，社会的問題への対応を重視していることは明らかである。

　ブラジルで零細・小企業が受けられる最大のメリットは，簡易税制度シンプレス・ナシオナル（Simples Nacional）の適用である。ブラジルで事業活動上の最大の障害とされるのは高率かつ複雑な税制度である。しかし簡易税制度の適用対象となれば，法人所得税，工業製品税，純利益社会負担金，社会保険負担金，従業員にかかる会社負担の社会保障負担金，商品流通サービス税，サービス税など数多くの税金支払いを，売上額に対する月1回の課税，支払いに集約することができ，納税額も低く抑えることができる。また，零細企業のなかで個人自営業者を対象とした同様の個人零細企業家制度（Microempreendedor Individual：MEI）も別途設けられており，インフォーマル事業者をフォーマル化する社会政策的要素が強い。

　簡易税制度自体はビジネス環境を改善する重要な制度である。しかし産業政策で一般的に意図される生産性の向上には必ずしも直結しない。むしろ，制度における「優遇」のレベルが高ければ高いほど，レント・シーキングを生み出し，結果として生産性の低い企業の温存につながる懸念がある。

(2) 政策実施における「市場の失敗」と「優遇」
「市場の失敗」に対する姿勢のちがい

　先にみたようなブラジルとチリの政策の相違は，先行文献でも指摘されている。Goldstein y Kulfas（2011）はラテンアメリカ主要国における中小企業政策を概観し，その目的の強弱を評価した。検証された目的は雇用創出，人的資本開発，市場の失敗の緩和，生産性向上，競争力強化，イノベーション促進の6つで，チリ，アルゼンチン，ブラジル，エクアドル，メキシコ，コロンビア，エルサルバドルの7カ国を分析の対象としている（表5-3）。その内容をみると，中小企業政策の目的について，どの国でも雇用創出，競争力強化を重視する傾向が共通項としてある一方，市場の失敗の緩和の項目ではブラジルとチリの相違が際立つ。

　中小企業政策の目的で「市場の失敗の緩和」の項目をみると，ブラジルを除くすべての対象国で重視されており，とくにチリで重視の度合いが強い。ラテンアメリカ地域では1990年代に，ワシントン・コンセンサスに象徴される新自由主義経済改革が進み，政策介入は市場の失敗を認めるところに限定されるという考え方が普及した。そのため多くの国で政府の役割を最小限とし，前述の発展経緯でふれたとおり民間組織を活用した中小企業支援体制が構築された。しかし徐々に失業問題など社会的格差の拡大が顕在化したことで，社会政策の重要性が再認識され2000年代に左派政権が多数発足し，政府の役割を重視する傾向が再び強まった。

　その傾向が顕著にみられたのはブラジルである。2003年にルーラ政権が発足し，ルセフ政権に至るまで社会政策を重視する労働者党政権が続いた。ルーラ政権以降，中小企業向け融資拡大や，ビジネス環境を整備する零細・小規模企業一般法の制定など，既存の政策の拡充および新たなメカニズムが創出された（Matos and Arroio 2011, 5；二宮 2014）。これらの政策には，経済開発における政府の役割を重視すると同時に，中小企業の社会的役割を再認識する考えが強く現われ，結果として「市場の失敗」を尊重する考え方が後退したとみることができる。一方，チリでも左派政権が発足したものの，市場経済を重視し経済開放政策を推進する姿勢に変化はな

表5-3 ラテンアメリカ諸国の中小企業政策の目的

目的＼国	チリ	アルゼンチン	ブラジル	エクアドル	メキシコ	コロンビア	エルサルバドル
雇用創出	X	X	X	XX	X	X	XX
人的資本開発	X	X	X		X		X
市場の失敗の緩和	XX	X		X	X	X	X
生産性向上	XX		X		X		X
競争力強化	XX	X	XX	XX	XX	X	XX
イノベーション促進	X	X	X		X		X

(出所) Goldstein y Kulfas (2011, 448)
(注) 重点をおいている項目にはX。XXはXと比べてより重点をおいていることを表す。なお，同指標は定量的な評価結果ではなく，作成者が各国政府や国際機関の資料から検討した結果である。

かった。同国は，ラテンアメリカのなかで最も早い1970年代から，市場開放や小さい政府の実現などの自由主義経済改革に取り組んできた歴史をもち，政府の「市場の失敗」を尊重する姿勢が強い。

なお，ラテンアメリカ各国の共通項をみると，「雇用創出」は2000年代以降の社会政策を重視する流れと一致する。「市場の失敗」の原則に忠実なチリであってもその姿勢は共通している。また「競争力強化」については，チリとブラジルで共通するが，その内容は同一ではない。Goldstein y Kulfas (2011, 449) は，ある国では国内市場を海外製品に開放しその環境下で国際競争力を発揮できるよう中小企業を強化する一方，別の国では，経済開発を目的とし特定業種の競争力改善に注力しているケースがみられるとしている。つまり前者はチリ，後者はブラジルにあてはまる。チリは国際市場における比較優位の原則を重視し，自国が競争力を発揮し得る産業の強化を図る一方，ブラジルでは雇用規模や技術集積など自国の産業発展への貢献度合を勘案しながら競争力強化を図る産業を特定し，税恩典や競争条件の差別化など一定の優遇のもとで政策を進める傾向がみられる。

このようにラテンアメリカの多くの国では「市場の失敗」を中小企業政策実施の根拠とするが，その原則を忠実に守ろうとするチリのような国があれば，ブラジルのように原則を"逸脱"した形で中小企業政策を行う国もある。ではそのちがいは具体的な政策にどう現われるのであろうか。

政府調達にみる中小企業の「優遇」

　ここでは政府調達を事例としてみたい。政府調達に着目する理由は，財やサービスを購入するに際して効率性に対する政府の姿勢や，政府が構築しようとする，企業や労働者，市民などとの関係性を読み取ることができるためである。実際に政府調達は先進国を含めた多くの国で中小企業政策のツールとして利用されている。ラテンアメリカ諸国で政府調達が中小企業政策としてどのように運用されているか，前述で政策のちがいが明らかとなったブラジルとチリを比較しよう。

　ブラジルでは，政府がインターネットで政府調達情報を公示し中小企業にも情報の普及を図っている。しかし大きな特徴は，零細・小規模企業一般法により，規模の小さい企業に対する優遇条件を定めている点である。その内容は入札の際に，零細・小企業による応札価格について，競合に対する10％の優遇を認めているほか，8万レアル以下の連邦・州・市の調達案件について，零細・小企業のみに参加資格を限定すること，あるいは契約額の一定割合を零細・小企業に下請けに出すという条件設定を認めている。

　一方，チリでは2003年より"Chile Compra"（http://www.chilecompra.cl/）という政府組織を通じて中小企業の政府調達案件参加を働きかけている。Chile Compraは自治体や政府機関などが実施する政府調達情報を集約したサイトを設け，そこに財・サービス提供に関心をもつすべての企業がアクセスし入札に参加する仕組みとなっている。政府調達情報は中小企業を含めたすべての企業に普及させることを目的とし，中小企業向けメニューは，政府調達案件への参加を通じて生産性向上を図れるように，経営，資金管理などの訓練サービスや金融支援情報の提供に限られる。つまりチリの政府調達の仕組みは「市場の失敗」が認められる範囲で構築されており，特定規模の企業の競争条件を利する「優遇」といった考え方が排除されている。

　ここではブラジルとチリを比較したが，ラテンアメリカ地域でみた場合，チリはむしろ例外で，多くの国でブラジルのような優遇を中小企業に与えているのが実態である。Rozenwurcel y Drewes（2012）は，ラテンアメ

リカ各国の政府調達における中小企業の扱いを，市場の失敗と優遇という2つの特徴で分析した。その結果，価格面などで中小企業を優遇する制度がある国は，分析対象としたラテンアメリカ12カ国中8カ国に上った。本来，政府調達とは経済性の原則が基本にあるべきだが，企業規模の大きさで参加機会を制限する，あるいは価格面で差を設けることはその原則に反する。しかしラテンアメリカで優遇という扱いを中小企業に与えている国が多いという事実は，弱者に配慮する社会政策としての特徴の強さを表している。

(3) 課題
政策の優先順位づけとシナジー効果創出に向けた工夫

産業政策のなかでは中小企業の生産性の向上が大きな目的となる。しかし政府調達の事例で示した「優遇」という現状では，ともすれば生産性の低い中小企業の温存につながる可能性がある。その点からすると，ラテンアメリカの中小企業政策の課題は，政策が本来目的とする企業の生産性向上だけでなく，雇用創出，貧困削減，地域開発など幅広い目的を掲げるなかで，政策の焦点が定まらない点となる（Ferraro y Stumpo 2010, 23-26；OECD and ECLAC 2012, 61-62）。

前述の政府調達は，1つの政策のなかに複数の目的が混在する典型的な例である。政府調達に中小企業の参加を促す目的には，政府との取引を通じて生産性向上を図る意図がある一方，応札価格に中小企業が有利となる差を設けることで社会的格差への配慮がなされている。つまり同じ政策のなかで経済的・社会的目的が混在する。目的を整理して政策を実施しなければ，その効果も中途半端となりかねない。

組織面でも同じことがいえる。たとえばペルーでは，中小企業政策の中心を担うのは生産省（PRODUCE）であるが，労働雇用促進省（MTPE）や女性人間開発省（MIMDES）でも中小企業に関連した政策を実施している。生産省と労働雇用促進省は，生産性や競争力の改善に焦点を当てているが，女性人間開発省は貧困削減が主目的である（López-Acevedo and Tan 2011, 109）。もちろん中小企業政策とは多元的な要素を含み，政策実施が

119

複数組織にまたがることはその結果ともいえる。しかし予算と人員など限られたリソースで最大限の効果を出すためには，政策的な優先順位を明確化し，個々の取り組みを連携させシナジーを発揮できるよう政策推進する必要がある。

多岐にわたる政策目的を掲げても，実施体制が未整備であれば青写真に終わってしまう。実施体制について，中小企業支援組織を独立形態で備えた国はブラジルとチリ，最近ではメキシコといった主要国に限られ，その他の国では各省庁が直接的に政策実施に当たっている（補論参照）。民間組織との連携で体制を補完することもできるが，多数の外部組織を効率的にコントロールするには省庁側に一定の統括能力が備わっていなくてはならない。しかし省庁の中小企業政策に携わる人員は必ずしもこの分野のエキスパートではなく，また政権交代などで省庁の多くの人材が入れ替わる環境下では，ノウハウの蓄積や能力の開発は容易ではない。

政策効果の定量的な評価体制整備

第2の課題は，政策効果を評価する仕組みの欠如である。中小企業政策のツールはそれぞれの目的をもつが，政策効果として支援対象企業の売上額，雇用数，技術導入，生産性向上などの指標でその効果を定量的に検証する取り組みが普及していない。評価する仕組みがあったとしても，支援企業を対象とした満足度や，成功事例のケーススタディという定性的な評価にとどまる。もともとラテンアメリカでは政策支援を目的とした情報システムがほとんど存在しないということも定量的分析を困難にする要因といえる。

近年，国際機関や学界ではいくつかの研究成果が発表されているが，その多くは個別プログラムの効果の検証に焦点が当てられている。政策に役立てるためには，効果の有無が何によって左右されるのか，あるいはどのような改善をすれば効果的な結果を残せるのかなどを検証する必要がある。また，中小企業の役割として社会包摂を重視するのであれば，売上や生産性の増加といった経済的指標だけでなく社会的指標を組み合わせた検証も必要となろう。いずれにせよ，各国で個々の機関が別々の様式で保有して

いる支援対象の企業データを統一して収集し，検証するシステムを整備することが，今後の中小企業政策の発展を考えるうえで重要といえる。

おわりに

本章ではラテンアメリカ主要国における中小企業政策を概観し，その特徴を探った。冒頭に述べたとおり同地域は歴史的に社会的格差問題という特徴を有するが，中小企業政策は工業化初期に整備された金融支援を基礎とし，経営指導や技術支援，近年ではクラスター政策やイノベーション政策など，生産性向上を意図した産業政策としての性格を強めてきたように映る。とくに1990年代以降は新自由主義経済改革が浸透するなかで，「市場の失敗」という政策介入の根拠が重視され，民間組織との連携を図りながら政策が拡充されてきた。しかし実態では，ラテンアメリカの中小企業政策のなかには，一部を除けば，「市場の失敗」の範疇を超えた，「優遇」という表現のあてはまる政策が随所にみられる。

各国で制定された中小企業関連法の内容をみると，1990年代から2000年前後にかけて法律を設けた国では，支援組織や個別支援ツールに重点をおき，2000年代後半以降に設けた国では，ビジネス環境整備に重点をおいている。ビジネス環境整備は，効果がおもに支援を受ける個別企業にしか及ばない従来の振興策に比べて，広範囲の企業に効果を波及させる特徴を有し，おもに1990年代以降進んだ経済改革の考え方に照らし合わせても支持されるものである。しかし中身をみると，とくにブラジルでは，規模の小さい企業の手続き簡素化の取り組みのなかで，税務，労務など事業活動の根本的な制度について，実質的な「優遇」を与えている。この特徴は，政府調達など個々の支援ツールにもみられ，ラテンアメリカの多くの国で共通している。

ラテンアメリカの中小企業政策が内包する最大の特徴であり政策実施上の難しさとなるのは，一見，生産性の向上や競争力強化を重視しているように映るが，実態として中小企業を社会的弱者とみなし「優遇」という形で配慮を示す傾向が色濃く残っている点である。地域固有の社会的特徴を

ふまえればやむを得ない面があるものの，多くの国では，限られたリソースのもとで政策を実施している状況をふまえれば改善の余地は大きい。その点，より効果的な中小企業政策の実現に際して，課題で指摘した政策の優先順位づけや関係組織の連携によるシナジー効果の創出，定量的な政策評価の必要性とも関連するが，「優遇」という扱いからどのような効果を中小企業に期待するのかを明確化し，政策の目的との整合性を図ることが重要といえる。

補論──中小企業政策実施組織──

ラテンアメリカ主要国の中小企業政策実施組織をみると，特徴として分かれるのは中小企業振興組織の設立形態である。アルゼンチン，コロンビア，ペルーではいずれも連邦政府の省庁内の部局が政策立案および実施の中核を担う一方，ブラジルとチリ，そしてメキシコは省庁の外に政策実施機関が存在し，中小企業政策の中核を担っている（表5-4）。

中小企業政策の管轄官庁をみると，アルゼンチンが産業省，コロンビアが商工観光省，ペルーが生産省である。一方，ブラジル，チリ，メキシコでは，ブラジルはSEBRAEが省庁から独立した非営利民間組織として設置されているほか，2013年に零細・小企業庁が設立されている。チリは2010年に経済・開発・観光省経済局のなかに小規模企業部が設立されているが，同省の傘下に零細・小企業の技術的支援を行う技術協力サービス（SERCOTEC），そして省外組織として産業開発公社（CORFO）がある。CORFOの事業領域は4分野あり，①中小企業振興事業，②科学技術に関連した外国企業の投資誘致，③イノベーション関連事業，④中小企業向け長期事業資金供給が挙げられる（Agosin, Larraín and Grau 2010, 12）。またメキシコはこれまで中小企業局（SPYME）が経済省にあり中小企業政策を担ってきたが，2013年に企業家国家院（INADEM）が創設され，その機能が同組織に移管された。

実施組織が省庁から独立して設置されていることは，中小企業政策の実施上重要な意味をもつ。具体的には，政治的なサイクルに左右されにくく

表 5-4 ラテンアメリカ主要国におけるおもな中小企業振興組織

国	機関名	略称	管轄官庁および設立形態	設立年	ウェブサイト
アルゼンチン	中小企業・地域開発局（Secretaría de la Pequeña y Mediana Empresa y Desarrollo Regional）	SEPYME	産業省，省内	1997 年	http://www.industria.gob.ar/pymes
ブラジル	零細・小企業支援サービス（Serviço Brasileiro de Apoio às Micro e Pequenas Empresas）	SEBRAE	独立，省外	1972 年	http://www.sebrae.com.br
ブラジル	零細・小企業庁（Secretaria da Micro e Pequena Empresa）	なし	連邦政府	2013 年	http://www.smpe.gov.br
チリ	産業開発公社（Corporación de Fomento de la Producción）	CORFO	独立，省外	1939 年	http://www.corfo.cl
チリ	技術協力サービス（Servicio de Cooperación Técnica）	SERCOTEC	経済・開発・観光省，省外	1952 年	http://www.sercotec.cl
チリ	小規模企業部（División de Empresas de Menor Tamaño）	DEMT	経済・開発・観光省，省内	2010 年	http://www.economia.gob.cl/areas-de-trabajo/subs-economia/emprendimiento-y-pymes/
コロンビア	中小零細企業部（Dirección de la micro pequeña y mediana empresa）	Dirección MIPYMES	商工観光省，省内	2003 年	http://www.mipymes.gov.co
メキシコ	企業家国家院（Instituto Nacional del Emprendedor）	INADEM	経済省，省外	2013 年	https://www.inadem.gob.mx
ペルー	零細小企業・産業局（Despacho Viceministerial de MYPE e Industria）	なし	生産省，省内	2008 年	http://www.crecemype.pe

（出所）　各国ウェブサイトおよび Angelelli, Moudry and Llisterri（2006,16）をもとに筆者作成（2014 年 10 月調査時点）。
（注）　設立年は現在の設立形態によるもので前身組織は考慮していない。たとえばペルーでは 2008 年に中小企業の管轄が労働雇用促進省から生産省に移された（2008 年 10 月 27 日付け法律第 29271 号）。

中長期的な計画のもと事業実施が可能であり，中小企業政策にあたる人材を組織として育成する機会に恵まれ，継続的な事業経験を通じてノウハウ・知識を蓄積できる点などが指摘されている。しかし実施組織を独立させればそれだけコストが発生し，小国ほど予算制約の問題が発生する。と

くにラテンアメリカ地域の小国では，中小企業支援の予算は，世界銀行や米州開発銀行など国際機関の支援に依存しているケースもあり，継続的な事業実施が自主的な判断で行えないという問題もある（Goldstein y Kulfas 2011, 440-442）。実施体制のちがいは何により生ずるのか結論を出すにはより詳細な分析を必要とするが，ラテンアメリカ地域で，省庁から独立した実施組織を有する国がブラジル，チリ，メキシコのような比較的経済規模の大きい主要国にとどまる理由の1つは，予算制約との関連でとらえることもできる。

第 6 章

ラテンアメリカの成長する企業像

新都市交通システム「アエロモヴェル」
　　　　(2014 年 12 月, ブラジル・ポルトアレグレ市, 二宮康史撮影)

第6章 ラテンアメリカの成長する企業像

はじめに

これまでは，クラスター，グローバルバリューチェーン（GVC），企業文化，政策といった論点からラテンアメリカの中小企業を考察してきたが，本章では，企業そのものに焦点を当てる。序章でふれたとおり2000年以降，ラテンアメリカ地域は経済的に大きな発展を遂げた。その過程において，多くの先行文献で研究対象とされてきた大企業だけではなく，中小企業も成長の機会を享受してきたはずである。中小企業全体の議論としてその仮説を裏づけるには，膨大な数の企業データを検証する必要があり，第2章でふれたとおり，データ制約などからそれは困難な作業といえる。そのため本章では，筆者が現地調査でのインタビューなどの研究活動を通じて得られた情報から，近年，個々の産業分野でとくに中小規模から成長を実現している企業の事例を紹介したい。なお，第1章，第2章ではラテンアメリカの中小企業の大半はインフォーマル部門にとどまり，低生産性に特徴づけられ開業と廃業を繰り返す存在として語られているが，その集団から成長のきっかけをつかみ，規模を拡大させ成功した企業が存在するのも事実である。本章では彼らがどのようにして成長の壁を乗り越えてきたのかをテーマとする。

今回取り上げる事例は製造業で風力発電機材（ブラジル），都市交通システム（ブラジル），自動車産業（メキシコ），金属機械産業（ペルー）の4つ，サービス業でIT産業（ブラジル），レジャー産業（メキシコ），レストラン産業（ペルー）の3つである。企業の選択基準は成長をキーワードに注目すべき事例を筆者が選択し取り上げるもので，その判断は筆者個人に委ねられている。そのような事情もあり，本章は，あくまで読者にラテンアメリカで中小規模から成長している企業像を具体的に示すことを目的としている点を前置きとしたい。それと同時に，本来ラテンアメリカ企業の成長要因を特定するには実証的な分析結果をふまえる必要があるものの，本章では上述の目的から，限られた事例ではあるが成長を実現するうえでの共通項を各国の事例から考察する。

1．事例紹介

＜製造業＞
（1）風力発電機材・ブラジル──輸出先市場の拡大に着目──

テクシス（Tecsis, 本社：サンパウロ州ソロカバ市, www.tecsis.com.br）は風力発電のブレードの製造・販売を行う地場資本メーカーである。1995年の創業当初は従業員数50人の中小企業にすぎなかったが，世界の風力発電市場拡大に応じて業績を拡大，現在ではブレード分野で世界市場（中国を除く）の15％，北米市場の50％のシェアをもち，7000人の従業員を抱える大企業へと成長した。同社はベント・コイケ（Bento Koike）氏，レオ・オサナイ（Leo Ossanai）氏，フィリップス・レモス（Phillips Lemos）氏の3人が共同で設立した会社で，コイケ，オサナイ両氏はサンパウロ州サン・ジョゼ・ドス・カンポス市にある航空技術院（ITA）出身のエンジニアであった。ITAは世界の主要中型旅客機メーカーとして成長したエンブラエル社に多くの技術者を輩出している国立技術大学で，航空宇宙分野でトップクラスの教育機関に位置づけられる。

航空機分野技術を風力発電に応用

同社のイノベーション部長を務めるフィリップス・レモス氏によれば（2014年12月にインタビュー），創業者はもともと，航空宇宙分野のビジネスに携わることを考えていた。しかし1986年に起きたチェルノブイリ原発事故や1992年のリオデジャネイロにおける国連環境開発会議などで，風力発電をはじめとした再生可能エネルギーへの関心の高まりに注目するようになった。当時，欧州で導入が先行していた風力発電ビジネスでは，発電機に取り付けるブレードの供給が不足していた点に注目した。しかも欧州で使用されていたブレードは，造船産業で培われた技術を元に開発された重量の大きいもので，かつタービンやタワーの仕様に合わせてカスタマイズできない欠点を有していた。同社では航空機技術を学んだ経験からブレードの軽量化に取り組み，さらに事業者のニーズに応じたブレード設

計に取り組むことで，当時先行していた競合メーカーとの差別化に成功し市場参入を果たした。もともとブレード供給は風力発電のなかでもニッチなビジネスで競合も少ない状況のなか，顧客企業は着実に増加した。2000年には米国のエネルギー会社エンロン（Enron，当時）の，2005年にはGEの主要サプライヤーとなり，2006年にGEと5年間におけるブレード供給契約（総額10億ドル）を締結した。さらに2007年にサービス会社であるウィンドコム（Windcom）を米国ヒューストンに設立し，北米市場でのアフターサービスを強化することで2008年には北米市場の50％のシェアを得るようになった。

　同社の製造拠点はブラジルに限られている。現在はサンパウロ州ソロカバ市に9工場，同州イトゥ市に2工場あり，さらに2016年にはバイーア州カマサリ市で1工場が稼動する予定となっている。ブラジルは高率で複雑な税制度や企業側負担が大きく硬直的な労働法制度，さらには不十分なインフラといった面で，輸出をする製造業にとって必ずしもコスト面で魅力的な国とは認識されていない。しかし同社がこれまで大きくビジネスを拡大できた背景には，ほぼ全量を輸出してきたという点が有利に働いたという。同社ではブレードの製造にかかわる原材料や資材のほとんどを輸入に依存しているが，ドローバック税制（最終製品の輸出を前提とした輸入税等免税制度）を活用することで過重な税コストを低減できる。さらにブラジルでは輸出品に対しては工業製品税や社会負担金などの連邦税，商品流通サービス税などの州税が減免されており，この点も輸出競争力を維持するうえでは重要な要素となっている。また同社の主要市場は米国や欧州であるが，ブラジルは地理的に船便12日間で輸送が可能という立地上のメリットもある。また主要市場で高いシェアを有し規模の経済を享受できる点も，コスト低減に寄与しているという。このように，同社は風力発電機製造のグローバルバリューチェーンに参加し成長してきたといえる。

内需の拡大に応じて新たな事業展開
　同社では創業当初から欧米を主要マーケットに位置づけた事業展開を行ってきた結果，国内の経済動向に大きく左右されることなく順調に業績

を拡大してきた。しかし近年，ブラジル国内の市場拡大にも注目している。鉱山エネルギー省によればブラジルの風力発電能力は2012年に2ギガワットと全体の1.5%を占めるにすぎないが，2022年には17ギガワットと全体の9.5%を占めると見込まれている（MME/ EPE 2013, 100）。ブラジルの主要な風力発電立地地域は北東部と南部の海岸地域であるが，設備利用率の高い気候条件でかつ乾季に風量が増えるという水力発電との補完性が高い好条件を備えている。ブラジルは発電量の7割を水力発電に依存しているが，近年，降雨量の減少で代替電力源へのシフトが課題になるなか，コストと発電効率の優位性から風力発電の投資が増加傾向にあり同社のビジネスには追い風が吹く。一方で課題は人材育成と管理という。1本のブレード製造に必要な人員は延べ200人と労働集約的で機械化が難しい生産体制にあるなかで，高度な知識と技術を有する人材の確保が重要となっている。しかしソロカバ市近辺には近年，多国籍企業が多数進出し人材確保は容易ではない。今後政府機関とも協力しながら人材育成を行っていきたいとしている。

（2）都市交通システム・ブラジル
——空気圧を動力とする車両システム——

ブラジル南部リオグランデドスル州の州都ポルトアレグレ市では，世界的にもユニークな都市交通システムが稼動している。コンクリート橋で支えられた地上数メートルのレール上を車両が空気圧で移動する，アエロモヴェル（Aeromovel）というシステムである。現在，ポルトアレグレ市のサルガード・フィーリョ国際空港と近隣の鉄道駅（TRENSURBのアエロポルト駅）の距離約1キロを結ぶ路線として商業運行されている。最高時速は65キロ，車両定員は300人（車両モデルA200のケース）となっている。2013年8月10日に運行を開始し，現在は1日当たり4500人が利用している。

造船・石油産業に育まれた中小企業

アエロモヴェル社のジエゴ・アビス（Diego Abs）氏によれば（2014年

12月にポルトアレグレ市でインタビュー），アエロモヴェルの技術はコエステル（Coester，本社：サンレオポルド市，従業員数約100人，創業1963年，www.coester.com.br）が開発したもので，アエロモヴェル・システムを開発する事業組織（従業員数約10人）は同社の傘下に位置づけられる。コエステル社の創業者オスカル・コエステル（Oskar Coester）氏は，同州ペロタス市の連邦技術学校を卒業後，ヴァリグ航空の航空電子工学学校で学び，同社の電子コントロール技師としてキャリアをスタートした。1960年代に入り自身の習得した通信技術が，当時の造船所で必要としていた船内通信システムに応用できることがわかり，コエステル社を創業した。当時ブラジルでは造船産業が勃興した時期で，1970年代から1980年代にかけて造船産業にかかわるシステム・機器開発により業績を拡大した。しかし1970年代後半からブラジルの造船産業の衰退により業容の変更を余儀なくされる。当時，国営石油会社ペトロブラス（Petrobras）向けにバルブの電動アクチュエータ（オートメーション機器の一種）の開発を行っていたため，同製品の製造・販売にシフトする。その後，1990年代の市場開放による競争環境の変化に対応するため，1997年にバルブオートメーションへの技術開発に特化し，同分野のトップメーカーとしての地位を確保してきた。

　同社がアエロモヴェル・システムの開発に至った経緯は，空気圧を送る電動ポンプの基幹部品技術をもっていたという点に加えて，創業者オスカル氏の事業に対する考え方が大きな影響を与えているという。そもそもオスカル氏は航空会社のエンジニアとしてキャリアをスタートしたが，航空機技術の進歩で移動のスピードは大きく進化した一方，空港にたどり着くまでの交通システムの改善に問題意識を抱いていたという。同社では連邦政府の資金協力を受け1983年にポルトアレグレ市で試験用路線を着工し，実用に向けた実験を重ねた。ブラジル国内でも同システムへの関心はあったが，当時の混乱する経済・政治情勢が逆風となり商業運行には時間がかかった。しかしある世界銀行コンサルタントの仲介で1988年にインドネシアでの導入が決定してシステムを輸出した。翌年にはジャカルタで運行を開始し，世界で初めての商業運行となった。

政府の産業政策の方針とも一致

　近年になりブラジル国内での導入が前進した背景には，都市交通インフラの整備ニーズが高まるなかで，地下鉄やモノレールなど他の交通手段に比べて車両や路線建設への投資額が低く，かつ100％自国技術という点が大きいという。車両や換気装置など主要な機材は国内メーカーと共同開発したもので，レール以外は国産化されている。ルセフ政権下で進められる産業政策も自国技術を重視しており，それが後押ししたと考えられている。今後，その他の自治体でも都市交通整備で同システムの導入が検討されており，実績が拡大すれば国内の裾野産業の成長につながる。同社ではブラジル発の都市交通システムの普及に今後も力を注ぐとしている。

（3）自動車産業・メキシコ
　　　——サプライチェーン参入の壁を越えた地場企業——

　第3章で述べたように，メキシコ自動車産業は近年急成長を続けているが，サプライチェーンに参入するメキシコ企業の数は少ない。サプライヤーに求められる高い能力，能力構築を阻む経営環境，輸入品や進出企業との厳しい競争が，メキシコ企業，とくに中小企業の参入を難しくしている。そこで，小企業ながら検査用治具というニッチな製品分野で参入を果たしたメキシコ企業 AT 社（仮名）の事例を紹介したい。この事例を取り上げるのは，革新的な中小企業が出現する1つの典型的な経路を示していると考えられるためである。インタビューでの約束のため，企業名を伏して紹介する。

　プエブラ州チョルーラは，アステカ時代の遺跡で有名な観光スポットである。遺跡のすぐ近く，ひなびた街並みのなかに AT 社は所在する。高度な精密機械設備を備えた工場だとは，外からはとても想像できない門構えである。プエブラ州は生産台数でメキシコ第2の自動車メーカー・フォルクスワーゲンが主力工場をおく自動車産業の集積地でもある。地の利を生かして，2005年から現在の主力商品の検査用治具の製造を開始した。自動車サプライチェーンの1次サプライヤー（ティア1）と2次サプライ

ヤー（ティア2）の自動車部品メーカーを顧客とする3次サプライヤー（ティア3）で，従業員数50人である。インタビュー時点（2011年）で顧客の数はおよそ100社，顧客リストにはグローバル・サプライヤーの名前が並ぶ。

外資系企業での勤務，留学の後に起業

社長のC氏（仮名）がAT社を設立したのは2001年であった。彼は大学卒業後，ドイツ系の素材会社で働いたのち，英国の大学でインダストリアル・エンジニアリングを学び，修士号を取得した。専門知識を身に着け，メキシコで製造業の事業を手がけたいと考えていた。メキシコ帰国時がたまたま父親の退職時にあたり，1997年に父親の退職金で現在の工場建屋を建設し起業した。最初に家具製造業向けに木材加工用工具を製造したが，この分野は衰退業種であり将来性に乏しかったために撤退した。つぎにこの地域に自動車産業が集積することに着目し，同じ設備を使い自動車の補修部品製造を試みた。しかし顧客が製造コストの知識をもつために価格交渉力がなく，競争も厳しいので利益が上がらないと考え撤退し，新しい業種を探した。その際の方針は，高度エンジニアリング分野で収益性が高く，顧客に知識がなく価格交渉力をもてる分野であった。それに適合するのが検査用治具製造だった。

ティア1メーカーとの取引で経験蓄積

顧客開拓のためにまずフォルクスワーゲンに売り込みのアポイントをとり，そこで製品をアピールした。フォルクスワーゲンの納入条件は第1に価格，第2に品質だった。商談は成立しなかったが，納入の条件，売り込み方について学んだ。売り込みを積極的に行い，自動車メーカー，ティア1部品メーカーに製品を知ってもらい，納入検討リストに入れば，緊急の仕事があるときに声がかかる。そのようにして実績を積み，信用を得，顧客を拡大してきた。製造ノウハウの基礎は，経験とティア1サプライヤーから学んだ。契約は1件ごとの入札で，基本的に価格で決まる。1つの検査用治具の使用期間は当該モデルの製造期間である。そのあいだにエンジ

ニアリング変更がある場合は，その都度，変更を行う。国内の競争相手は4社，このうち2社は外資系企業，2社はメキシコ企業である。

マリンチスモと資金調達の壁

　C氏は成長を阻む2つの要因を指摘する。1つはマリンチスモ，もう1つが資金調達である。マリンチスモとはメキシコ特有の言い回しで，アステカ帝国のスペインによる征服時，敵方の将コルテスの愛人となった原住民女性マリンチェの名前をとって，メキシコ人自らがメキシコ製より外国製を選ぶ心理を指す。資金調達問題とは，同社の場合，生産拡大のための機械購入には10万ドル単位の資金が必要だが，それに融資する国内金融機関が存在しないことである。クルス氏は政府の中小企業支援策の枠組みによる融資は，役に立たないと評価する。同社の場合，外部機関の支援で有用であったのはエンデバー（Endeavor, www.endeavor.org）と名づけられた民間のベンチャー事業支援組織からのアドバイスであった。ちなみにエンデバーとは，米国に本拠をおくNGOで，財界の協力を得て寄付を集め，将来性のある企業家を支援している。コンサルタント業務，国内のファンド，金融機関との融資仲介を行っている。メキシコ支部の会長は，メキシコで独占的地位を占めるテレビ局，テレビサの会長E. アスカラガ（Emilio Azcaraga）氏である。メキシコの大企業，著名財界人，金融ファンドが協賛機関に名を連ねている。

（4）金属機械産業・ペルー——認証取得により大型受注が可能に——

　ペルーの首都リマ市の北部には，製造業の中小企業が集まるロス・オリボス工業地区がある。この地区で最近注目されているのが金属機械産業である。好調な経済成長を背景に国内の電力需要が拡大し，リマ南部では国内で産出する天然ガスを燃料とした火力発電所の建設が相次いでいる。また，ショッピングセンターや高層のマンションなど，これまでよりも大規模な施設の建設がリマ市内で進んでいる。そしてそれらをつなぐ送電線や変圧器など，送電や配電に必要な機器の需要が大きく伸びている。

　これらの需要をうまくつかんで成長しているのが，変圧器や電源施設の

製造，販売，保守，修理を手がける I&T エレクトリック（I&T Electric，本社：リマ市，www.itesa.com.pe）である。電気技師フアン・オルランド・メンドサ（Juan Orlando Mendoza）氏とウィルバー・アラゴネス（Wilber Aragonéz）氏の2人が1995年に創業したこの会社は，電柱に設置する小型の変圧器の製造から始め，徐々に製造する変圧器の容量を増やした。さらに，変圧器などを含む商業施設やマンションに設置する受変電設備の製造を手がけるようになった。事業の成長とともに工場の規模も当初の300平方メートルから3600平方メートルへと拡大し，現在は120人の従業員が2シフトで働く中規模企業である。

　同社は原材料を輸入に頼っている。絶縁体のシリコンや鉄鋼製品は日本，銅線はコロンビア，陶製の碍子(がいし)は中国，ゴムは米国，絶縁油は米国とボリビアから輸入している。基本的には受注生産で，注文に基づいてこれらの原材料を加工して変圧器を製造する。工場には簡単な工作機械があるだけで自動化は行われていない。従業員が工作機械を使って金属などを加工し，あとは手作業でコイルを巻いたり，鉄板を重ねて紙で巻いたりして変圧器を製造している。

国際認証を取得し低価格品と差別化図る

　2014年8月にリマ市内で実施した同社へのインタビューによれば，10年ほど前からの成長のきっかけとなったのが，品質マネジメントシステムの国際的な認証の1つであるISO 9001の取得である。公共事業や大手電力会社の入札では，参加条件の1つとして，この認証の取得を求められるケースが増えている。変圧器の製造自体を手がける中小企業は少なくないが，そのなかで国際認証を取得している企業は多くない。取得には手間とコストがかかるからである。多くの中小企業は，そのような認証がなくても販売できる小規模な民間企業への納入をめざす。しかしその場合，中国製など輸入品との価格競争になる。同社は国際認証取得に投資をすることで，価格競争にならない市場への参入を果たした。

　国際認証の取得と合わせて試験設備の導入も同社の受注拡大を助けた。高圧用変圧器の購入にあたって，顧客は製品の安全性を重視する。試験設

備があれば，顧客の立ち会いのもとで試験を行い，自社製品の安全性を示すことができる。試験設備の導入には 20 万ドルの費用がかかったが，これにより国内他社が供給できないような大型施設向けの製品の供給が可能になった。

　I&T エレクトリックとともに成長したのが兄弟会社ともいえるシリコン・テクノロジー（Silicon Technology, 本社：リマ市, www.silicon.com.pe）である。I&T エレクトリックの創業者の 1 人であるアラゴネス氏が，シリコンなど合成樹脂製の絶縁体に特化して 2001 年に立ち上げた会社である。現在はロス・オリボス地区に 350 平方メートルの工場を有し，75 人の従業員を抱えている。主力事業はシリコン製碍子の製造販売と既存の陶器碍子へのシリコンゴムの塗布で，変圧器や碍子の保守も手がけている。同社によれば国内で合成樹脂製の絶縁体を製造する唯一の会社で，発電や送配電を手がける電力会社をおもな顧客としている。最近はブラジルへの輸出も開始した。

自社で雷サージ試験設備を建設し安全基準をクリア

　2012 年，シリコン・テクノロジーは I&T エレクトリックらと共同で，リマ市北部のアンコン地区に 4000 平方メートルの用地を確保した。金属加工事業所・企業組合（Asociación de Talleres y Empresas de Metalmecánica del Perú: ATEM PERU）の支援により，オランダなどから援助を受けながら，雷サージ試験設備を建設した。以前は製品をメキシコへ送って検査していたが，毎回多額の費用がかかった。自社で試験設備をもつことで検査費用を節約できるほか，最終製品の検査だけでなく，製品開発にも利用することができる。この施設は試験設備として SGS 社による国際認証を受けており，ここで試験に合格した製品であれば，国内の電力会社などが要求する安全基準を満たすことができる。実際に同社は，2014 年には民間の発電会社より 200 万ドル規模の製品の受注に成功した。

　I&T エレクトリックやシリコン・テクノロジーが投資して整備した試験設備は，たとえば日本であれば地方自治体などの工業試験場が揃え，料金を払えば中小企業が利用できるようにしている。しかしペルーの場合に

はそのような役割を果たす公的機関がないため,外国へ送って高い料金を払って試験をせざるを得ない。そのために国内で製品に対する需要が高まっているにもかかわらず,公共事業や大手企業への納入は,中小企業にとっては参入障壁が高くなる。ここに挙げた2社の事例では,製造,試験,製品に関して国際的な認証取得に投資をすることが,成長につながったといえる。

＜サービス業＞
（1）IT産業・ブラジル──世界の主要タクシーアプリとして成長──
　ブラジルでは公共都市交通機関が発達していないためタクシーを利用する機会が多い。しかし主要都市の中心部ではいざ知らず,少し離れた場所になるとタクシーを呼ぶのに時間がかかる。この問題をITで解決するために設立されたのがイージー・タクシー（Easy Taxi, 本社：サンパウロ市, www.easytaxi.com）である。同社はアプリを開発したタリス・ゴメス（Tallis Gomes）氏をはじめとした20代の若者たちが2012年4月に創業したベンチャー企業である。創業以来,国内の主要都市にとどまらず国際展開を進め,南米,東南アジアなど世界33カ国でサービスを展開しており,登録利用者1700万人,タクシー登録台数40万台と,世界の主要なタクシーアプリとして認知されるようになった。

創業の契機は国際的な起業家団体のイベントへの参加
　タリス・ゴメス氏は16歳の頃からソフトウェア開発にかかわり,大学でマーケティングを専攻,国内企業でEコマース事業の立ち上げなどを経験した後に独立した。もともとはバスのアプリ開発を検討していたが,雨の降るリオデジャネイロで長いタクシー待ちを経験したことをきっかけに,タクシーアプリの開発に着手するようになったという。創業のきっかけは2011年6月にスタートアップ・ウィークエンド（Startup Weekend）という米国の起業家団体がリオデジャネイロで開催したイベントで事業アイディアを発表したことである。そこで先輩起業家やベンチャーファンドなどからのアドバイスを受け創業した。同社のビジネスはまずタクシー運

転手にアプリ登録を求めることから始まった。タリス・ゴメス氏は当時，3万6000台あるリオ市内のタクシーのうち75％が個人事業主である点に注目し，市内のタクシー運転手を地道に回り，運転手，タクシー利用者の双方に利益があることを訴え，徐々に登録台数を増やしていった。アプリの収益はタクシー運転手から徴収する仕組みになっており，乗客の利用1回2レアル（約100円，2014年12月調査時点のレート）の手数料がイージー・タクシー側に支払われる。同金額は通常，タクシー利用者が支払うチップ代金を想定して設定したという。その後，ベンチャーファンドの出資を受けて広告などマーケティング活動を強化し顧客ベースを広げ，さらにドイツの起業支援組織，ロケット・インターネット（Rocket Internet, www.rocket-internet.com）の出資を受けたことで本格的な国際展開を開始した。当時はタクシーアプリで国際的に普及しているものは少なく，イージー・タクシーが提供するプラットフォームが十分通用することを見通しての投資であったという（*Veja*, Abril 20, 2014）。新興国の多くではブラジルと共通した都市交通問題を抱える一方，急速なスマホ普及と通信インフラの進歩がみられ，アプリ拡大の素地が整いつつあることにいち早く目をつけた動きといえる。

優秀な若手人材を集め積極的な事業拡大

イージー・タクシーでは今後サービス提供のパートナーを拡充することで，さらなる付加価値を提供する方針である。たとえば国内では2013年11月からサンタンデール銀行との共同で，夜間にイージー・タクシーアプリを通じて呼んだタクシー代金を，利用者が同銀行発行のクレジットカードで支払いを行った際に割り引くサービスを始めている。また2014年12月からは，ブラジルの航空会社TAMの利用客が空港までの移動手段としてタクシーを利用する際，イージー・タクシーアプリを通じて呼んだタクシー代金を割り引くサービスを開始した。いずれもイージー・タクシーの顧客ベースを拡大するための取り組みである。2014年12月にサンパウロ市内で筆者の取材に応じたグローバルCo-CEOのデニス・ワング（Dennis Wang）氏は，同社の競争力の源泉について，個々の優秀な人材が

最大限の能力を発揮して働くことを挙げている。同社で働く人材の多くは20～30代である。ベンチャー企業としてのエネルギーとスピード感が，グローバル市場へと向かわせる原動力となっている。

（2）レジャー産業・メキシコ
——子ども向け職業体験テーマパークの世界展開——

メキシコで生まれたキッザニア（KidZania, www.kidzania.com）は，子どもがさまざまな有名企業の従業員と顧客になってロールプレイング・ゲームを楽しむ，日本でも人気のテーマパークである。1999年に設立されたこの企業は，20年を経ずして世界の14カ所に事業展開する世界的な大企業へと成長を遂げた。経営者の系譜，事業化の手法という点で，従来にない新しいタイプの企業といえる。

創業者のハビエル・ロペス（Xavier López）氏は，スペイン移民の二世として1964年メキシコ市に生まれた。メキシコ市にある私立大学を卒業後，ノースウェスタン大学のケロッグ経営大学院に学びMBAを取得した。同大学院では著名な経営学者フィリップ・コトラーの薫陶を受けている。メキシコに帰国後，米系金融コンサルタント企業で研鑽を積んだ。友人のルイス・ラレスゴイチ（Luis Laresgoiti）氏から子どものための遊戯施設事業への参加の誘いを受けたのは，創業者がGEキャピタルの個人向け金融部門の幹部職ポストにあった1990年代後半であった。

鍵となったロペス氏の経営手腕

ロールプレイング・ゲームのテーマパークを最初に着想したのはラレスゴイチ氏とする説（*The New Yorker*, Jan.19, 2015）とロペス氏とする説（*Forbes*, Nov.9, 2013）の2説があるが，少なくともロペス氏の存在がなければ，キッザニアの今日の繁栄はあり得なかったといえる。理由は第1に，1999年メキシコ市のサンタフェ・ショッピングモールに第1号キッザニアを開園した際，ロペス氏がコンサルタント時代に培った人脈や業界知識が協賛企業集めに重要な役割を果たしたこと（*Forbs*, Nov.9, 2013），第2に，2002年にラレスゴイチ氏は持株をロペス氏に売却しキッザニアを離れ，

米国フロリダで同様のテーマパークを開園するが，2011年に閉園していることがある（*The New Yorker*, Jan. 19, 2015）。つまり事業の成功には，アイディアのみならずロペス氏の経営者としての手腕が必要不可欠であった。

第1号開園に際しては次の3点を事業方針とした。第1に人々が室内施設でもお金を払う都会に立地すること，第2に若い家族と企業本社が集中する場所に立地すること，第3に，CSR（企業の社会的責任）予算をもつ大企業をターゲットに，ブランド付きロールプレイング施設を建設する条件で協賛企業を獲得すること（*Businessweek*, May 19, 2011）。第1号キッザニアは初年度から順調に集客を伸ばし，同社によれば現在までの来場者数は1000万人に上るという。入場料ばかりでなく，ロールゲームのおもちゃ・制服の販売で高い収益を上げてきた。メキシコ国内ではこれまでにサンタフェのほかに，産業都市モンテレイとメキシコ市南部のクイクイルコに第2，第3の直営キッザニアを開園してきた。

フランチャイズ方式での海外展開

キッザニア東京は同社の初めての海外事業である。当初，米国進出を検討していたロペス氏がスターバックスのハワード・シュルツ（Howard Schultz）氏に相談したところ，時期尚早であるとして，メキシコ国外へのフランチャイズ方式による進出を勧められたという（*Milenio*, Sep.1, 2014）。メキシコ企業が海外進出先として最初に選ぶのは通常，米国かラテンアメリカであるが，同社は日本を選んだ点で異色だった。キッザニアの東京誘致で中心的役割を果たしたのはフランチャイズ事業で実績がある起業家の住谷栄之資氏であった。2004年に事業会社としてキッズシティジャパン（KCJ）を設立した。同社の株主には，同氏のほかに，伊藤忠商事，野村証券，三井不動産など，大企業の名前が並ぶ。2006年キッザニア東京に続き，2009年にはキッザニア甲子園がオープンしている。

日本を皮切りにフランチャイズ方式で世界に事業を拡大し，2015年現在，日本のほかにブラジル，チリ，エジプト，インド，インドネシア，クウェート，マレーシア，フィリピン，ポルトガル，カタール，ロシア，サウジアラビア，シンガポール，韓国，タイ，トルコ，アラブ首長国連邦，

英国に独占フランチャイズ契約で進出している（同社ウェブサイトより）。

　今後の事業展開として2つの点が見込まれる。1つは米国への進出である。世界最大・最強のテーマパーク，ディズニーリゾートとの競争を恐れ，これまで米国進出には消極的だった。しかし2014年から米国進出の検討を始め，近々開園の見込みという。もう1つは株式上場である。同社は利益の再投資とフランチャイズ方式を成長戦略の2本柱としてきたが，成長を続けるために上場をめざすという（*Forbes*, Nov. 9, 2013）。

　現在は未上場企業で株式の大部分はロペス氏が所有するとみられるが，これに関連して興味深い点は，同社がファミリー支配とは無縁の企業として成長を続けると見込まれる点である。そう考える理由は，1つにロペス氏が独身であること，もう1つに経営陣がすべてファミリー以外の専門経営者であることがある。創業者家族による所有・経営支配を免れているという点でも，同社はメキシコの企業としては異色の存在といえる。

（3）レストラン産業・ペルー
──カリスマシェフ，ガストン・アクリオ──

　ラテンアメリカ域内でも順調な経済成長を維持しているペルーにおいて，拡大する中間層を中心に広がっているのがグルメ・ブームである。英国のレストラン業界誌『レストラン・マガジン』による世界のトップ50レストラン2015年版では，リマにある2つのレストランが選ばれたほか，ラテンアメリカ域内の上位50位にも7つが入っている。また，ペルー料理協会（APEGA）が毎年9月に開催するリマ国際料理フェア，通称「ミストゥラ」（MISTURA）は大盛況で，2014年は11日間に42万人が訪れた。ペルー独立200周年にあたる2021年に向けて，リマが「アメリカ大陸の食の首都」と呼ばれるように，官民一体で食文化の振興やレストラン関連産業への支援に取り組んでいる。

　このグルメ・ブームの仕掛け人の1人で，国内で最も有名なカリスマシェフがガストン・アクリオ氏（Gastón Acurio）である。トップ50レストランで18位となった高級レストラン「アストリッド・イ・ガストン」（Astrid & Gastón）のオーナーシェフであるだけでなく，ファストフード

や中華料理も含むレストラン・グループの経営者でもある。ペルー料理協会の創設者の1人でリマ国際料理フェア MISTURA を立ち上げたことでも知られている。

ペルー料理の伝道師

アクリオ氏の父は上院議員で大臣も務めた政治家で，彼自身も大学で法律を学んだ後にスペインの大学に進学した。しかし中途退学してホテル学校へ進み，さらにパリの料理学校コルドンブルー（Le Cordon Blue）で学んだことが今日の活躍の下地となった。帰国後の1994年リマ市内にパティシエである夫人と一緒にレストラン Astrid & Gastón を開店し，伝統的なペルー料理をフランス料理風に洗練された形にして提供した。このレストランは国内で話題となっただけでなく，進出したチリの首都サンチャゴでは最も人気の高いレストランの1つに数えられた。

アクリオ氏はシェフとしてだけでなく，ペルー料理を再評価しその良さを世界に伝える伝道師としても知られている。2003年には，ペルー国内を回ってその土地にある食材や郷土料理を紹介した『ペルー：料理の冒険』（Perú una aventura culinaria）を出版し，これをもとに制作したテレビ番組は話題を呼んだ。さらに2008年に出版した『500年の融合』（500 años de fusión）は料理関係の優れた出版物に与えられるグルマン世界料理本大賞を受賞するなど，国内外で知名度が高まった。

多才なアクリオ氏はレストラン関連のビジネスでもその才能を遺憾なく発揮した。2006年3月，経営・経済分野では国内で最も評判の高いパシフィコ大学の入学式に来賓として招かれスピーチを行った。そこでアクリオ氏は次のように述べた。「ペルーが世界中に輸出している天然資源と同じで，ペルー料理は輸出産品としての潜在力を秘めている。これを引き出して実際に輸出するには，ブランドを構築する必要がある。その際，顧客層に応じてさまざまな選択肢をつくることが重要になる」。同氏が例として出したのが，パン・コン・チチャロン（pan con chicharrón）である。これは，豚肉の唐揚げとゆでたサツマイモにスライスした紫タマネギを添えて丸いフランスパンで挟んだサンドイッチで，たいていのペルー人が好み

と答える軽食である。しかし，最近食べたかどうかを人々にたずねると，パン・コン・チチャロンよりも大手チェーンのハンバーガーを多く食べたと答える人が多い。これは，おいしいパン・コン・チチャロンを安心して食べられる店が近くにないからである。近所でおいしいと評判になるだけではビジネスとしては成長しない。調理方法だけでなく，店のおしゃれな内装や接客などのサービスを標準化し，それにブランドをつけてチェーン店として広げれば，ビジネスとして成長できる。

フランチャイズで拡大

アクリオ氏自身もレストランのブランド化とチェーン化を活用した。中所得者層から上の階層をターゲットにしたレストランチェーンを，国内だけでなくラテンアメリカ諸国を中心とした外国にも拡大した。同氏が経営するアクリオ・レスタウランテス (www.tantaperu.com/acurio-restaurantes.html) のウェブサイトによると，高級レストラン Astrid & Gastón（リマ市内1店舗，メキシコ，ベネズエラ，コロンビア，チリなど国外4店舗）のほか，ファミリー向けペルー料理店のタンタ（Tanta, リマ市内7店舗，ほか国内1店舗，チリ，ボリビア，エクアドル，パナマ，米国，スペインなど国外8店舗），セビチェ店のラ・マール（La Mar, ペルーほか5カ国に5店舗），有機野菜などを用いたハンバーガー店パパチョス（Papacho's, リマ市内3店舗，ほか国内1店舗），中華のマダム・トゥサン（Madam Tusan, リマ市内3店舗），典型的なペルー料理店パンチータ（Panchita, リマ市内1店舗），イタリア料理との融合をめざしたロス・バチチェ（Los Bachiche, リマ市内1店舗），ペルーのカカオを使ったチョコレートを販売するメラテ・チョコラテ（Melate Chocolate, リマ市内1店舗）を展開している。その数は12カ国で30店舗を超え，2011年の売上は6500万ドルに上る（APEGA 2013）。

レストランチェーンの拡大に際してアクリオ氏が採用したのがフランチャイズ方式である。それまでレストランといえば家族経営がほとんどであったが，調理方法や設備に加え，店舗運営のさまざまなノウハウを標準化，マニュアル化してフランチャイズ方式により外部投資家の参加を募った。

フランチャイズ化は国内のレストラン産業の拡大を促している。フランチャイズ方式のレストランの数は，2008年には地場資本によるものが52店，外国資本によるものが104店であったが，2011年には地場資本106店，外国資本162店へと大きく増えている（APEGA 2013）。外国への進出も進んでいる。アクリオ氏のレストランのほか，セビチェやクレオール料理，ペルー人に人気のある鶏の丸焼きポヨ・ア・ラ・ブラサ（pollo a la brasa），テイクアウトの中華料理などがフランチャイズ方式により外国展開が進んでいる（CEPLAN 2012）。

2．事例にみた企業の成長要素に関する考察

ラテンアメリカ各国の異なる産業で，とくに近年中小規模から成長を実現している企業の事例を紹介したが，これらの成長に重要であったと考えられる要素（成長要素）に着目してみよう。

企業文化の壁を破る新しい経営者たち

第1には経営者の能力である。その能力とは単に技術や知識というだけでなく，市場性を見極める眼や，外部の協力を取り付けられるコミュニケーション能力を含めたものだ。具体的には，メキシコの自動車産業におけるAT社の場合，経営者自らのエンジニアとしての学歴に加え外資系企業での就労経験を背景として起業し，試行錯誤ののちに，自動車部品のなかでも収益性の高い検査用治具製造に目をつけ成功した。市場を見極める見識という点では，ペルーの金属機械業I&Tエレクトリックの事例もあてはまる。メンドサ氏は，経営判断として安価な輸入品との競合を避け，中小企業にはハードルが高いと思われたISO 9001認証を得て，公共事業や大手電力会社を顧客とする高品質セグメントに参入し差別化戦略をとった。キッザニアを創業したメキシコのロペス氏は，米国で経営学を学びコンサルタントなどの業務を通じて得られた知識，人脈が功を奏して第1号施設のオープンにこぎつけた。ペルーのカリスマシェフ，アクリオ氏の場合，政治家の家庭に生まれながら，海外留学先を途中退学しホテル学校，

さらには料理学校へ進むという異色の経歴をもつ。しかしその行動は，ペルー料理の潜在的な価値にいち早く注目し，レストラン産業の発展を見込んだ結果ともいえるだろう。企業文化を扱う第4章で，イベリア的秩序のなかで企業文化が成長の壁になっていると指摘したが，その壁を越えるには経営者の変化が必要条件であるとしている。これらの事例は，イベリア的秩序のなかで企業文化を変革する可能性のある，経営者像といえるのではないか。

海外市場を成長の活力に取り込み

第2に海外市場とのかかわりである。ブラジルの風力発電のブレード製造会社テクシスは創業の当初から風力発電の導入が先行していた欧州市場に目をつけて事業を開始した。その当時国内では風力発電市場はほとんどなく，彼らが有する技術力と海外市場におけるニーズ，さらにその成長性をも見込んだ判断であった。さらにテクシスの特徴は，風力発電のブレード製造に特化した点である。発電機本体はGEやシーメンスなど欧米大企業がひしめく市場であるが，ブレードの専業メーカーの数は少ない。その海外の競争環境のなかで大手顧客と密接な関係を構築し，欧米の風力発電市場の拡大に応じて売上が伸び，今ではブラジルを代表する輸出企業に成長した。第2章でグローバルバリューチェーン（GVC）への統合にふれたが，テクシスの事例もあてはまる。同社の場合，ブレードの軽量化という競合企業にはなかった技術を用いてGVCに食い込むことに成功，さらに海外市場の拡大に応じて会社の規模を成長させた。まさにGVCにより中小企業の壁を越えて大企業に成長した例といえるだろう。

サービス産業の3つの事例をみると，いずれも海外展開が特徴になる。イージー・タクシーは，南米だけでなく東南アジアを含めた発展途上国を中心とした33カ国に，キッザニアは日本を皮切りに南米，中東，アジア，欧州に展開している。カリスマシェフ，アクリオ氏が経営するペルー料理のレストランは，ラテンアメリカ地域に加え，米国，スペインに店舗を構える。一般論としてサービス産業は製造業に比べて設備や機械など固定資本にかかる費用が少なく済み，資金的負担も軽減される。さらにフラン

チャイズ方式を採用してパートナーと共同で事業を進めることで，資金制約を乗り越えてビジネス環境の異なる外国においてもスムーズに事業を拡大できる。家族経営を基本とした零細企業では経営者の所有する経営資源のみに依存するため，その制約により事業の拡大は容易ではない。しかし経営者の知識や経験から生まれたノウハウを標準化しマニュアル化したことで，フランチャイズ方式などによってパートナーを得て事業を拡大することが可能になった。

中小企業を育む第3の支援組織

第3に，今回取り上げた事例のなかでは政策，企業の枠組みにとらわれない，「第3の支援組織」の存在が浮かび上がった点を特筆したい。ブラジルのIT企業，イージー・タクシーはベンチャー企業であるが，政府の起業家支援プログラムに参加することなく，国際的な民間起業家団体，スタートアップ・ウィークエンドのイベントをきっかけに創業にこぎつけた。その後の外国展開も，株主でもあるITベンチャー企業支援を行っている外資系ベンチャーファンドの出資を受けて実現し，急速に国際展開を進めた。また，メキシコの検査用治具メーカーも政府の支援には頼らず，エンデバーという外部機関からのアドバイスを重要視している。これらは国境をまたぐ組織として広く企業の育成に関与しており，その実態や機能は十分に明らかとなっていないが，中小企業の新たな成長促進要素として注目に値する。

なお，今回の成功事例をみるかぎり，政府が実施する中小企業政策は必ずしも成長の鍵にはなっていない様子が見て取れる。ただし歴史を振り返るなかで，政府が行ってきた工業化政策が中小企業の成長あるいは存続に関与してきた事実を垣間みることができた。たとえば，ブラジルのアエロモヴェルという交通システムを作り上げたコエステルは，元をたどれば国策として振興された造船産業の発展をきっかけに創業している。またその後，造船産業が衰退するなかで国営石油会社ペトロブラスのビジネスにシフトし，バルブの電動アクチュエータを主力製品に据えて50年以上の歴史を生き抜いてきた。アエロモヴェル自体も商業化は遅れたものの，近年

国産化技術を重視する政府の方針もあって，都市交通インフラとして採用拡大の兆しがみられる。第5章の中小企業政策で，過去の工業化政策は大企業を対象として進められたことにふれているが，内実は中小企業もその過程で育まれてきたことを物語っている。

おわりに

これまでラテンアメリカの企業が，個々の産業分野で中小規模からどのようにして成長を実現してきたか，事例をとおして検証した。今回はあくまで限られた事例を考察したにすぎず一般化するわけではないが，ラテンアメリカ地域における国も産業分野も異なる各社の事例で，成長を実現するための要素に，ある程度の共通性が見出せたのは興味深い結果といえる。しかも本書でこれまでふれてきた企業文化やGVC，政策というキーワードとの関係性も見出すことができた。

そして，最後に指摘した第3の支援組織の存在は，今回の事例から出てきた新たな視点といえる。政府の支援や国内外の大企業との取引関係という枠組み以外に，政府でも企業でもない新たな支援枠組みが国際的に形成されつつあり，ラテンアメリカの中小企業の成長に関与している点は，今後検証に値する研究テーマに挙げられるであろう。

本章では成功例のみを紹介してきたが，ラテンアメリカの中小企業像をイメージするにあたり，第1章で指摘したとおり「不均質」であるという事実をふまえることが重要である。全体としてみればラテンアメリカにはインフォーマル経済にとどまり開廃業を繰り返し，成長の見込めないおびただしい数の零細企業・事業者が存在する。中小規模の企業の層もまだ薄く，人材や技術，資本面では先進国の同規模企業に大きな遅れをとっているのが実情だろう。しかし「不均質」という言葉は，裏を返せば低レベルだけではなく，先進国企業に勝るとも劣らない高レベルの企業の存在も示唆している。

巻末附表

附表1．ラテンアメリカ9カ国および日本の従業者規模別業種別企業・事業所の分布
附表2．ラテンアメリカ5カ国および日本の規模別産業別従業者の分布
附表3．ブラジル製造業の規模別業種別企業数と従業者の分布（2012年）
附表4．メキシコ製造業の規模別業種別事業所数と従業者の分布（2008年）
附表5．アルゼンチン製造業の規模別業種別企業数と従業者の分布（2003年）
附表6．コロンビア製造業の規模別事業所数と従業者数の分布（2005年）
附表7．各国の中小・零細企業定義を定めた法令の概要

附表1 ラテンアメリカ9カ国および日本の従業者規模別業種別企業・事業所の分布

	従業者規模	製造業	卸売・小売業,自動車・オートバイ・家財修理業,宿泊・飲食サービス業	運輸・保管業および情報通信業	金融保険業	不動産業,レンタル業,専門・科学・技術サービス業	医療および社会福祉事業,その他のサービス業	合計
ブラジル (2012年)	～9人	320,847	2,233,139	329,581	69,797	674,169	546,147	4,173,680
	10～49人	93,100	234,519	32,006	4,171	62,009	41,921	467,726
	50～249人	18,415	16,795	6,060	1,085	8,741	5,967	57,063
	250人～	3,967	2,226	1,831	296	2,474	1,699	12,493
	合計	436,329	2,486,679	369,478	75,349	747,393	595,734	4,710,962
メキシコ (2008年)	～10人	404,156	2,176,110	18,685	16,454	127,397	251,553	2,994,355
	11～50人	22,349	62,861	7,292	1,893	10,247	13,565	118,207
	51～250人	7,113	10,201	2,456	231	1,238	3,159	24,398
	251人～	3,233	1,620	626	128	195	998	6,800
	合計	436,851	2,250,792	29,059	18,706	138,937	269,275	3,143,620
コロンビア (2005年)	～10人	142,195	1,080,861	116,176	21,589	90,376	248,327	1,699,524
	11～50人	8,328	14,843	2,733	2,099	2,541	5,630	36,174
	51～200人	1,510	1,661	613	272	549	1,037	5,642
	201人～	471	375	176	69	159	232	1,482
	合計	152,504	1,097,740	119,698	24,029	93,625	255,226	1,742,822
アルゼンチン (2003年)	～10人	65,664	395,201	23,307	6,354	58,301	103,300	652,127
	11～50人	10,717	13,669	1,483	330	1,801	3,320	31,320
	51～100人	1,504	931	265	77	325	422	3,524
	101人～	1,419	485	377	157	407	528	3,373
	合計	79,304	410,286	25,432	6,918	60,834	107,570	690,344
ペルー (2012年)	零細企業	123,764	600,361	93,458	2,529	154,500	125,340	1,099,952
	小規模企業	7,687	28,774	6,849	260	10,179	3,416	57,165
	中規模企業	280	1,058	247	10	409	87	2,091
	大規模企業	1,250	3,225	664	128	1,096	275	6,638
	合計	132,981	633,418	101,218	2,927	166,184	129,118	1,165,846
チリ (2012年)	零細企業	57,751	295,105	64,872	19,776	58,325	35,837	531,666
	小規模企業	19,368	56,361	15,168	11,577	20,916	8,186	131,576
	中規模企業	3,374	8,602	16,778	2,461	3,185	586	34,986
	大規模企業	2,061	3,981	742	1,764	1,287	240	10,075
	合計	82,544	364,049	82,460	35,578	83,713	44,849	693,193
ホンジュラス (2000年)	～9人	13,775	60,930	1,286	630	8,804	8,336	93,761
	10～49人	847	2,075	303	144	342	1,895	5,606
	50～199人	156	204	48	16	56	563	1,043
	200人～	55	21	3	8	15	164	266
	合計	14,833	63,230	1,640	798	9,217	10,958	100,676
コスタリカ (2013年)	1～5人	2,081	13,926	1,169	215	2,299	3,865	23,555
	6～30人	1,161	4,172	549	175	593	590	7,240
	31～100人	358	698	245	52	126	107	1,586
	101人～	225	242	106	34	71	34	712
	合計	3,825	19,038	2,069	476	3,089	4,596	33,093
ウルグアイ (2013年)	1～4人	11,574	55,693	14,075	1,848	17,397	6,961	107,548
	5～19人	3,161	8,368	2,084	252	1,761	1,281	16,907
	20～99人	836	1,662	390	61	307	385	3,641
	100人～	213	147	64	9	45	101	579
	合計	15,784	65,860	16,613	2,170	19,510	8,728	128,665
日本 (2012年)	小規模事業所	413,942	1,407,946	136,396	71,088	522,607	833,756	3,385,735
	中規模事業所	76,139	680,936	64,489	17,373	74,729	377,605	1,291,271
	大規模事業所	3,299	27,862	1,797	370	1,853	17,766	52,947
	合計	493,380	2,116,744	202,682	88,831	599,189	1,229,127	4,729,953

(出所) 第2章補論,表2-6に列記。
(注) 1) 出所とした各国の統計では,この表に示す以外の産業についてのデータ記載がある場合があるが,国相互の比較を可能とするために,他の国でデータがない場合は,この表では取り上げていない。
2) 産業分類は,原表では基本的に国際標準分類 (ISIC Rev.3) を用いているが,チリのみ国際産業分類で別々に分類される「卸売・小売・自動車・オートバイ・家財修理」と「宿泊・飲食サービス業」が1項目 (原表では「商業,宿泊業,飲食業」) で表示されている。そのため比較を可能にするために,チリ以外の国についても2つの項目を合計して1項目とした。
3) メキシコ,コロンビア,ホンジュラス,日本は補捉単位が事業所。ただし数のうえで圧倒的比重を占める零細企業のほとんどは単一事業所と考えられるので,企業単位で補捉しても比率が大きく変わることはないと考えられる。
4) ペルー,チリ,日本の企業規模の定義は第2章表2-1・表2-2参照。
5) ブラジル,チリ,ペルー,ウルグアイ,コスタリカはインフォーマル部門を含まない。

巻末附表

附表 2　ラテンアメリカ 5 カ国および日本の規模別産業別従業者の分布

	従業者規模	製造業	卸売・小売業,自動車・オートバイ・家財修理業,宿泊・飲食サービス業	運輸・保管業および情報通信業	金融保険業	不動産業,レンタル業,専門・科学・技術サービス業	医療および社会福祉事業,その他のサービス業	合計
ブラジル (2012 年)	〜9 人	1,003,112	5,914,722	768,631	137,271	1,652,881	960,840	10,437,457
	10〜49 人	1,861,776	4,056,835	615,442	81,384	1,091,770	753,445	8,460,652
	50〜249 人	1,800,139	1,546,142	611,170	111,470	869,368	588,051	5,526,340
	250 人〜	4,271,370	2,496,702	1,768,266	703,266	2,817,612	1,920,121	13,977,337
	合計	8,936,397	14,014,401	3,763,509	1,033,391	6,431,631	4,222,457	38,401,786
メキシコ (2008 年)	〜10 人	1,080,713	5,053,698	69,588	58,542	545,540	1,398,760	8,206,841
	11〜50 人	467,197	1,255,616	167,298	36,642	287,753	346,065	2,560,571
	51〜250 人	797,907	1,094,875	254,889	25,598	366,164	145,184	2,684,617
	251 人〜	2,315,245	474,051	519,837	395,775	997,547	103,192	4,805,647
	合計	4,661,062	7,878,240	1,011,612	480,557	2,197,004	1,993,201	18,221,676
コロンビア (2005 年)	〜10 人	357,727	1,700,307	108,201	34,637	101,543	226,390	2,528,805
	11〜50 人	176,931	292,518	61,168	39,859	53,799	120,428	744,703
	51〜200 人	146,443	155,371	58,569	25,982	53,360	96,636	536,361
	201 人〜	261,401	242,825	90,046	31,714	92,898	139,883	858,767
	合計	942,502	2,391,021	317,984	132,192	301,600	583,337	4,668,636
アルゼンチン (2003 年)	〜10 人	209,048	832,667	56,356	10,790	108,229	155,824	1,372,914
	11〜50 人	227,423	268,219	31,540	7,122	38,517	70,775	643,596
	51〜100 人	105,460	62,791	18,763	5,152	22,783	29,547	244,496
	101 人〜	440,531	213,420	175,568	118,496	176,621	177,461	1,302,097
	合計	982,462	1,377,097	282,227	141,560	346,150	433,667	3,563,103
コスタリカ (2013 年)	1〜5 人	4,600	31,155	2,248	469	4,566	7,116	50,154
	6〜30 人	16,063	52,447	8,373	2,517	7,793	7,725	94,918
	31〜100 人	20,209	35,956	13,902	2,763	6,576	5,470	84,876
	101 人〜	100,361	86,461	34,459	19,357	22,367	9,209	272,214
	合計	141,233	206,019	58,982	25,106	41,302	29,520	502,162
日本 (2012 年)	小規模事業所	2,257,215	3,713,660	808,392	494,355	1,303,768	2,095,767	10,673,157
	中規模事業所	4,451,597	9,880,928	3,081,030	765,534	1,243,158	7,019,817	26,442,064
	大規模事業所	2,538,905	3,572,336	1,039,946	329,560	590,704	4,473,332	12,544,783
	合計	9,247,717	17,166,924	4,929,368	1,589,449	3,137,630	13,588,916	49,660,004

(出所)　巻末附表 1 と同じ。
(注)　日本の企業規模の定義は第 2 章本文参照。

附表3　ブラジル製造業の規模別業種別企業数と従業者の分布（2012年）

	企業数				従業者数			
	10～49人	50～249人	250人～	合計	10～49人	50～249人	250人～	合計
食品・飲料・たばこ	11,151	2,296	833	14,280	217,510	231,690	1,360,521	1,809,721
繊維	2,921	748	214	3,883	59,819	76,243	147,844	283,906
縫製	15,476	2,282	195	17,953	305,199	202,603	155,041	662,843
木材・木製品	4,779	548	69	5,396	91,556	49,765	48,540	189,861
家具・装備品	5,148	854	139	6,141	101,152	84,994	72,402	258,548
パルプ・紙・紙加工品	1,569	458	129	2,156	33,407	46,986	109,551	189,944
印刷・印刷関連	2,932	250	38	3,220	53,025	23,565	25,422	102,012
化学製品	2,838	932	283	4,053	58,624	98,251	250,113	406,988
石油製品・石炭製品	108	100	80	288	2,495	12,277	140,865	155,637
プラスチック・ゴム製品	5,425	1,432	249	7,106	115,335	145,453	162,610	423,398
なめし革・同製品・毛皮	4,042	1,043	166	5,251	86,952	99,768	214,112	400,832
窯業・土石製品	9,322	1,459	195	10,976	184,709	127,650	140,137	452,496
鉄鋼・非鉄金属	1,331	427	123	1,881	28,170	45,291	175,356	248,817
金属製品	9,961	1,700	225	11,886	195,042	160,450	129,596	485,088
一般機械器具	4,939	1,302	253	6,494	100,814	132,987	191,551	425,352
電気機械器具	1,579	518	161	2,258	34,605	53,688	182,862	271,155
情報通信機械器具・電子部品・デバイス・精密機械器具	1,133	330	113	1,576	23,353	34,545	116,936	174,834
輸送用機械器具	2,418	717	347	3,482	50,517	78,564	531,941	661,022
その他	2,894	513	84	3,491	57,820	49,453	47,086	154,359
製造業合計	89,966	17,909	3,896	111,771	1,800,104	1,754,223	4,202,486	7,756,813

（出所）Instituto Brasileiro de Geografia e Estatística (IBGE), *Estatísticas do cadastro central de empresas 2011-2012.*

附表4　メキシコ製造業の規模別業種別事業所数と従業者の分布（2008年）

	企業数				従業者数			
	11～50人	51～250人	251人～	合計	11～50人	51～250人	251人～	合計
食品・飲料・たばこ	4,895	1,180	526	6,601	95,687	131,753	339,077	566,517
繊維	676	314	107	1,097	14,963	37,055	65,395	117,413
縫製	2,366	746	221	3,333	51,425	78,312	144,994	274,731
木材・木製品	702	129	59	890	13,444	13,203	13,297	39,944
家具・装備品	1,483	302	68	1,853	29,954	30,616	34,936	95,506
パルプ・紙・紙加工品	378	238	116	732	8,874	30,316	53,069	92,259
印刷・印刷関連	1,361	273	30	1,664	26,762	27,626	22,710	77,098
化学製品	891	511	220	1,622	20,568	56,373	146,366	223,307
石油製品・石炭製品	86	25	13	124	1,979	2,847	27,103	31,929
プラスチック・ゴム製品	1,330	694	232	2,256	30,644	78,433	114,057	223,134
なめし革・同製品・毛皮	1,559	378	83	2,020	32,927	37,740	39,203	109,870
窯業・土石製品	1,341	336	118	1,795	26,749	36,106	68,426	131,281
鉄鋼・非鉄金属	217	170	76	463	5,077	20,967	53,160	79,204
金属製品	2,772	603	168	3,543	56,370	66,016	99,379	221,765
一般機械器具	627	254	97	978	14,103	28,222	59,812	102,137
電気機械器具	262	181	205	648	6,331	23,778	162,713	192,822
情報通信機械器具・電子部品・デバイス・精密機械器具	136	154	249	539	3,272	21,646	287,133	312,051
輸送用機械器具	394	368	513	1,275	9,580	48,613	478,340	536,533
その他	873	257	146	1,276	18,488	28,288	113,070	159,846
製造業合計	22,349	7,113	3,247	32,709	467,197	797,910	2,322,240	3,587,347

（出所）Instituto Nacional de Estadística y Geografía (INEGI), *Censos económicos 2009.*

152

附表5 アルゼンチン製造業の規模別業種別企業数と従業者の分布（2003年）

	企業数				従業者数			
	11～50人	51～100人	101人～	合計	11～50人	51～100人	101人～	合計
食品・飲料・たばこ	2,445	382	467	3,294	51,379	27,008	170,848	249,235
繊維	424	69	96	589	9,269	4,837	23,597	37,703
縫製	568	75	56	699	11,879	5,275	11,681	28,835
木材・木製品	490	44	25	559	10,107	3,152	6,012	19,271
家具・装備品	413	50	24	487	8,005	3,515	4,763	16,283
パルプ・紙・紙加工品	241	55	52	348	5,569	3,791	14,512	23,872
印刷・印刷関連	585	73	55	713	12,707	5,146	16,055	33,908
化学製品	654	114	177	945	15,012	8,291	50,136	73,439
石油製品・石炭製品	30	12	13	55	0	736	11,003	11,739
プラスチック・ゴム製品	737	130	66	933	16,011	8,950	13,205	38,166
なめし革・同製品・毛皮	358	34	42	434	7,707	2,358	20,090	30,155
窯業・土石製品	332	58	56	446	7,247	4,111	14,850	26,208
鉄鋼・非鉄金属	214	38	32	284	4,993	2,453	19,825	27,271
金属製品	1,278	110	46	1,434	25,115	7,312	9,205	41,632
一般機械器具	762	102	73	937	16,229	7,176	14,845	38,250
電気機械器具	208	35	30	273	4,538	2,577	5,889	13,004
情報通信機械器具・電子部品・デバイス・精密機械器具	181	25	23	229	3,916	1,525	3,880	9,321
輸送用機械器具	585	82	77	744	12,660	5,873	28,275	46,808
製造業合計	10,505	1,488	1,410	13,403	222,343	104,086	438,671	765,100

（出所）Instituto Nacional de Estadística y Censos (INDEC), *Censo Nacional Económico 2004-2005*.

附表6 コロンビア製造業の規模別事業所数と従業者数の分布（2005年）

	企業数				従業者数			
	11～50人	51～200人	201人～	合計	11～50人	51～200人	201人～	合計
食品・飲料・たばこ	2,106	362	136	2,604	44,806	36,862	95,694	177,362
繊維	1,229	198	58	1,485	25,757	18,892	37,346	81,995
縫製	728	123	24	875	15,018	11,462	8,990	35,470
木材・木製品	737	83	9	829	14,547	7,593	4,080	26,220
家具・装備品	567	134	50	751	12,182	13,111	28,813	54,106
パルプ・紙・紙加工品	432	119	28	579	9,919	11,227	11,830	32,976
印刷・印刷関連	355	95	50	500	8,181	9,399	24,965	42,545
化学製品	421	34	4	459	8,142	3,218	1,890	13,250
石油製品・石炭製品	328	55	16	399	7,024	5,321	5,121	17,466
プラスチック・ゴム製品	282	50	9	341	6,117	4,699	4,240	15,056
なめし革・同製品・毛皮	259	58	26	343	5,958	5,903	11,453	23,314
窯業・土石製品	230	43	3	276	5,053	3,788	886	9,727
鉄鋼・非鉄金属	156	30	13	199	3,343	2,897	4,966	11,206
金属製品	116	35	20	171	2,502	3,361	8,950	14,813
一般機械器具	105	27	4	136	2,199	2,391	2,244	6,834
電気機械器具	81	26	10	117	1,912	2,640	4,958	9,510
情報通信機械器具・電子部品・デバイス・精密機械器具	82	16	8	106	1,830	1,561	3,433	6,824
輸送用機械器具	49	12	0	61	1,126	1,097	0	2,223
製造業合計	8,263	1,500	468	10,231	175,616	145,422	259,859	580,897

（出所）Departamento Administrativo Nacional de Estadística (DANE), *Censo general 2005*.

附表 7　各国の中小・零細企業定義を定めた法令の概要

国	アルゼンチン	ブラジル	チリ
法令	1995年法律第24467号，2000年法律第25300号（中小・零細企業振興法），2013年決議第50号	2006年12月14日補足法律第123号（零細・小企業一般法）	2010年法律第20416号（小規模企業特別法）
法令の目的	国の生産活動を発展させる中小・零細企業の競争力強化を目的とし，生産構造のより統合された，均衡した，質の高い，効果的な発展を促すために新たな措置および現行の措置を更新する。	零細・小企業の優遇的な扱い規則を定める法律。連邦，州，連邦直轄区，市レベルでの納税制度，雇用制度，融資制度，政府調達制度，科学技術制度，組合制度，包摂規則それぞれに優遇的な扱いを認める。	企業の規模や発展度合を勘案したうえで，開業，操業，廃業の各段階における規則を定め，小規模企業の発展を促すことを目的とする。
法令の内容	第1章　目的と定義 第2章　金融アクセス －第1項　中小・零細企業振興基金の創設 －第2項　中小・零細企業保証基金の創設 －第3項　相互保証組合 －第4項　金利優遇制度 第3章　地域・業種分野統合 第4章　情報および技術サービスへのアクセス 第5章　政府調達における中小・零細企業参入促進（Compremipyme） 第6章　人材育成に関わる費用の税的控除制度 第7章　中小・零細企業連邦審議会の創設 第8章　小切手法の改正 第9章　終章	第1章　前文 第2章　零細・小企業定義 第3章　企業登録および廃業手続き 第4章　税・負担金 第5章　市場アクセス（政府調達） 第6章　労働法規適用簡素化 第7章　行政による企業監査柔軟化 第8章　簡易税制適用企業の組織化 第9章　融資・資金調達の促進 第10章　イノベーションの促進 第11章　民法・企業法での取り扱い規則 第12章　裁判制度での特別措置 第13章　公共政策への関与支援 第14章　終章および経過措置	第1条　目的 第2条　中小・零細企業の定義 第3条　中小企業政策の管轄官庁 第4条　小規模企業国家審議会の設立 第5条　小規模企業に関わる法令・制度周知 第6条　企業監査手続きの透明性確保 第7条　営業許可の発行 第8条　衛生規則 第9条　消費者保護 第10条　環境配慮生産規則 第11条　企業の再建・廃業規則 第12条　既存条文の修正 第13条　管轄官庁の名称変更 第14条　本法令に記載なき事項についての扱い

（出所）　各国法令をもとに筆者作成。
（注）　法令項目の序列は章 - 項 - 条とした。

コロンビア	メキシコ	ペルー
2000年法律第590号	2002年12月30日付け官報公示「中小零細企業の競争力を高めるための法律」	2008年9月30日付け官報公示政令No.007-2008-TRおよび2013年7月2日付け官報公示法律第30056号（生産発展，企業成長促進法統一文書）
中小・零細企業を雇用創出，地域開発，各分野の経済統合，小規模資本や企業能力の活用するための存在としてみなし，中小・零細企業全体の発展を促進することを目的とする。	中小・零細企業の振興，中小・零細企業の事業実現性，生産性，競争性，持続性を支援することにより，国家の経済開発を促進することを目的とする。これは中小・零細企業の雇用や社会厚生，経済性増加を目的とする。	中小・零細企業の正規化，発展，競争力向上に向けた基本法令。民間投資や生産，国内外の市場アクセス，起業，企業組織の改善を，これらの企業単位の持続的発展を伴う形で促進させる政策，機関の創設。
第1章　一般規則（法令の目的，中小・零細企業の定義） 第2章　機構（中小企業高等審議会，零細企業高等審議会の設置，中小・零細企業政策の管轄官庁の指定など） 第3章　財・サービスの市場アクセス（政府調達における中小・零細企業の参加促進，展示会への参加促進など） 第4章　科学技術・人材育成[中小・零細企業の近代化，科学技術発展基金（Fomipyme）の創設，農村の中小・零細企業のベンチャーキャピタル投資基金（Emprender）の創設など] 第5章　金融市場アクセス（中小・零細企業向け貸し出し・投資の強化，中小・零細企業向け金融普及政策の策定など） 第6章　起業（保障国家基金からの中小・零細企業向け融資，特別税制度の設定など）	第1章　法令の適用範囲および目的（中小・零細企業の定義，管轄官庁に経済省を設定） 第2章　中小・零細企業の競争力向上に向けて（経済省を中心に中小企業政策を策定。州や自治体，関連機関の参加を得て具体的なプログラムを実施，プログラムとしては企業家能力育成，インキュベーター支援，産業集積形成・支援，科学技術振興，サプライヤー，ディストリビューター支援，輸出可能品の発掘，各種情報提供，環境配慮持続可能な事業発展の促進，金融アクセス支援） 第3章　中小・零細企業の競争力向上に向けた国家システム 第4章　中小・零細企業の競争力に関する国家審議会の設置 第5章　中小・零細企業の競争力に関する州審議会の設置	第1章　一般規則 －第1条　目的 －第2条　政策 －第3条　国家の政策方針 －第4条　中小・零細企業の定義 －第5条　中小零細企業の特性 第2章　開発・競争のための正規化手段 －第6条　情報アクセス －第7条　個人事業主の法人格 －第8条　法人設立手続きの迅速化 －第9条　行政手続きの簡素化，窓口の一本化 第3章　発展・競争力向上促進のための措置 －第1項　中小・零細企業の促進機構 －第2項　人材育成および技術支援 －第3項　市場および情報アクセス －第4項　研究，イノベーション，技術サービス －第5項　中小・零細企業の税制度 －第6項　中小・零細企業の従業員雇用制度 －第7項　健康・社会保険制度 －第8項　振興・正規化政策に関する機構制度

参考文献一覧

<日本語文献>

飯塚倫子 2010.「協働が生み出す革新システム——南米最南端の国チリのサケ養殖産業クラスター——」田中祐二・小池洋一編『地域経済はよみがえるか——ラテン・アメリカの産業クラスターに学ぶ——』新評論 341-365.

岸本千佳司 2010.「ダイナミックなクラスターをどう創るか」田中祐二・小池洋一編『地域経済はよみがえるか——ラテン・アメリカの産業クラスターに学ぶ——』新評論 73-93.

北村かよ子編 1999.『東アジアの中小企業ネットワークの現状と課題——グローバリゼーションへの積極的対応——』アジア経済研究所.

小池洋一 1997a.「中小企業の組織化と政府の見える手」小池洋一・西島章次編『市場と政府』アジア経済研究所 225-258.

―― 1997b.「ブラジルの経済自由化と中小企業政策」『ラテン・アメリカ論集』(31) 10月 21-40.

―― 2010.「グローバル化を地域開発にどう生かすか」田中祐二・小池洋一編『地域経済はよみがえるか——ラテン・アメリカの産業クラスターに学ぶ——』新評論 95-122.

―― 2014.『社会自由主義国家——ブラジルの「第三の道」——』新評論.

小池洋一・川上桃子編 2003.『産業リンケージと中小企業——東アジア電子産業の視点——』アジア経済研究所.

関満博編 2001.『アジアの産業集積——その発展過程と構造——』アジア経済研究所.

芹田浩司 2010.「輸出指向戦略は万能か？——メキシコ自動車産業の事例——」田中祐二・小池洋一編『地域経済はよみがえるか——ラテン・アメリカの産業クラスターに学ぶ——』新評論 209-233.

中川文雄 1995.「ラテンアメリカの民族関係と人種関係」中川文雄・三田千代子編『ラテンアメリカ 人と社会』新評論 171-194.

中畑貴雄 2014.『メキシコ経済の基礎知識』(第2版) 日本貿易振興機構.

西島章次・小池洋一 1997.「ラテンアメリカの開発——市場・政府・制度——」小池洋一・西島章次編『市場と政府——ラテンアメリカの新たな開発枠組み——』アジア経済研究所 3-22.

二宮康史 2011.『ブラジル経済の基礎知識』(第2版) 日本貿易振興機構.

―― 2014.「近年におけるブラジル中小企業の成長」『ラテンアメリカ・レポート』31(1) 6月 79-92.

八田達夫 2008.『ミクロ経済学Ⅰ——市場の失敗と政府の失敗への対策——』東洋経済新報社.

ピオリ，マイケル・J.／チャールズ・F. セーブル 1993. 山之内靖ほか訳『第二の産業分水嶺』筑摩書房 (Michael J. Piore and Charles F. Sabel, *The Second Industrial Divide: Possibilities for Prosperity*, New York: Basic Books, 1984).

福島久一編 2002.『中小企業政策の国際比較』新評論.
ポーター, マイケル・E. 1992. 土岐坤ほか訳『国の競争優位』ダイヤモンド社（Michael E. Porter, *The Competitive Advantage of Nations*, New York: Free Press, 1990）.
ホーフステッド, ギャート 1984. 萬成博・安藤文四郎監訳『経営文化の国際比較――多国籍企業の中の国民性――』 産業能率大学出版部（Geert Hofstede, *Culture's Consequences*, Thousand Oaks, California: SAGE Publications, 1980）.
星野妙子 1990.「ラリッサ・A・ロムニッツ；マリソル・ペレス＝リサウル著『あるメキシコのエリート一族 1820˜1980年――親族, 階級および文化――』」（書評）『アジア経済』31（1）1月 118-123.
―――― 2014.『メキシコ自動車産業のサプライチェーン――メキシコ企業の参入は可能か――』アジア経済研究所.
星野妙子編 1996.『ラテンアメリカの企業と産業発展』アジア経済研究所.
――――編 2002.『発展途上国の企業とグローバリゼーション』アジア経済研究所.
――――編 2004.『ファミリービジネスの経営と革新――アジアとラテンアメリカ――』アジア経済研究所.
星野妙子・末廣昭編 2006.『ファミリービジネスのトップマネジメント――アジアとラテンアメリカにおける企業経営――』岩波書店.
細野昭雄 2010.『南米チリをサケ輸出大国に変えた日本人たち』ダイヤモンド・ビッグ社.
ポランニー, マイケル 2003. 高橋勇夫訳『暗黙知の次元』筑摩書房（Michael Polanyi, *The Tacit Dimension*, London: Routledge and Kegan Paul, 1967）.
堀坂浩太郎・細野昭雄・長銀総合研究所編 1996.『ラテンアメリカ企業論――国際展開と地域経済圏――』日本評論社.
堀坂浩太郎・細野昭雄・古田島秀輔 2002.『ラテンアメリカ多国籍企業論――変革と脱民族化の試練――』日本評論社.

＜外国語文献＞

Agosin, Manuel R., Christian Larraín and Nicolás Grau 2010. "Industrial Policy in Chile." IDB working paper series 170, Inter-American Development Bank.
Alarcón, Cecilia and Giovanni Stumpo 2001. "Policies for Small and Medium-sized Enterprises in Chile." *Cepal Review*, 74, 167-182.
Alvial, Adolfo, et al. 2012. "The Recovery of the Chilean Salmon Industry: the ISA Crisis and Its Consequences and Lessons." White papers, The Global Aquaculture Alliance (http://www.gaalliance.org/cmsAdmin/uploads/GAA_ISA-Report.pdf).
Angelelli, Pablo, Rebecca Moudry and Juan José Llisterri 2006. "Institutional Capacities for Small Business Policy Development in Latin America and the Caribbean", *Sustainable Development Department Technical Papers Series*, Washington, D.C.: Inter-American Development Bank.
APEGA (Sociedad Peruana de Gastronomía) 2013. El boom gastronómico peruano al

2013. Lima: APEGA.

Bazan, Luiza and Lizbeth Navas-Alemán 2004. "The Underground Revolution in the Sinos Valley: A Comparison of Upgrading in Global and National Value Chains." In *Local Enterprises in the Global Economy*, edited by Hubert Schmitz, Cheltenham: Edward Elgar, 110-139.

Becker, Thomas H. 2011. *Doing Business in the New Latin America: Keys to Profit in America's Next-Door Markets*. Santa Barbara, California: Praeger.

Behrens, Alfredo 2009. *Culture and Management in the Americas*. Stanford: Stanford University Press.

Belausteguigoitia Rius, Imanol 2003. *Empresas familiares, su dinámica, quilibrio y consolidación*. México: McGraw Hill.

Bello Gómez, Felipe de Jésus 2005. *Emigración a México y capacidad empresarial a fines del siglo XIX*. Puebla: Universidad de las Américas-Puebla.

CEPLAN (Centro nacional de planeamiento estratégico) 2012. *Gastronomía peruana al 2021*. 2da edición. Lima: CEPLAN.

Contreras, Oscar F., Jorge Carrillo and Jorge Alonso 2012. "Local Entrepreneurship within Global Value Chains: A Case Study in the Mexican Automotive Industry." *World Development*, 40 (5) May: 1013-1023.

Cornell University, INSEAD, and WIPO (World Intellectual Property Organization) 2014. *The Global Innovation Index 2014: The Human Factor in Innovation*, Cornell University: Ithaca, INSEAD: Fontainebleau, and WIPO: Geneva.

Crespi, Gustavo and Pluvia Zuñiga 2010. "Innovation and Productivity: Evidence from Six Latin American Countries." IDB Working Paper Series No. IDB-WP-218, Washington, D.C.: Inter-American Development Bank.

De Gortari Rabiela, Rebeca and Maria Josefa Santos Corral 2010. "Saberes y parientes en la formación de microempresas rurales: empresarialidad, redes locales y contextos culturales." En *Empresa y familia en México, una visión desde la antropología*, comp. por Marisol Pérez Lizaur. México: Universidad Iberoamericana, 117-134.

De Soto, Hernando 1989. *The Other Path: The Invisible Revolution in the Third World*. New York: Harper & Row.

Dickson, Marcus W., Catherine T. Kwantes and Asiyat B. Magomaeva 2014. "Societal and Organizational Culture: Connections and a Future Agenda." In *The Oxford Handbook of Organizational Climate and Culture*, edited by Benjamin Schneider and Karen M. Barbera. New York: Oxford U.P., 276-293.

Dini, Marco y Giovanni Stumpo, coordinadores 2004. *Pequeñas y medianas empresas y eficiencia colectiva: Estudios de caso en América Latina*. México: siglo veintiuno editores y Santiago de Chile: CEPAL.

ECLAC (Economic Commission for Latin America and the Caribbean) 2010. *Time for Equality: Closing Gaps, Opening Trails*. Santiago de Chile: ECLAC.

ESCAP (Economic and Social Commission for Asia and the Pacific) 2012. *Policy*

Guidebook for SME Development in Asia and the Pacific, Bangkok: ESCAP.
Espinosa Infante, Elvia and Rebeca Pérez Calderón 1994. "Cultura, cultura en México y su impacto en las empresas." *Gestión y estrategia* (6) jul.-dic.:1-9.
Ferraro, Carlo y Giovanni Stumpo compiladores 2010. *Políticas de apoyo a las pymes en América Latina: entre avances innovadores y desafíos institucionales*, Santiago de Chile: CEPAL.
Gereffi, Gary, John Humphrey, Raphael Kaplinsky and Timothy J. Sturgeon 2001. "Introduction: Globalisation, Value Chains and Development." *IDS Bulletin*, 32 (3) July: 1-8.
Gereffi, Gary, John Humphrey and Timothy Sturgeon 2005. "The Governance of Global Value Chains." *Review of International Political Economy*, 12 (1) February: 78-104.
Giuliani, Elisa, Carlo Pietrobelli and Roberta Rabellotti eds. 2005. "Upgrading in Global Value Chains: Lessons from Latin American Clusters," *World Development*, 33 (4) April: 549-573.
Goldstein, Evelin y Matías Kulfas 2011. "Alcances y limitaciones de las políticas de apoyo a las pymes en América Latina. Debates para un nuevo marco conceptual y de implementación." En *Apoyando a las pymes: Políticas de fomento en América Latina y el Caribe*, compilado por Carlo Ferraro, Santiago de Chile: CEPAL, 429-489.
Hasenclever, Lia 2004. "La mundialización y la especialización de la industria textil y de la confección de Nova Friburgo: los desafíos locales del cambio competitivo." En *Producciones locales y globalización en los países emergentes: México, India y Brasil*, Margarita Estrada y Pascal Labazée, coordinadores, México: Insitut de Recherche pour le Développement, 261-296.
Hernández, René A., Jorge Mario Martínez-Piva and Nanno Mulder 2014. *Global Value Chains and World Trade: Prospects and Challenges for Latin America*. Santiago de Chile: ECLAC.
Hofstede, Geert and Mark F. Peterson 2000. "Culture, National Values and Organizational Practices." In *Handbook of Organizational Culture and Climate*, edited by Neal M. Ashkanasy, Celeste P. M.Wilderom and Mark F. Peterson, London: Sage Publications, 401-415.
Hogan, Robert, Robert B. Kaiser and Tomas Chamorro- Premuzic 2014. "An Evolutionary View of Organizational Culture." In *The Oxford Handbook of Organizational Climate and Culture*, edited by Benjamin Schneider and Karen M. Barbera, New York: Oxford U. P., 553-565.
Ibarrarán, Pablo, Alessandro Maffioli and Rodolfo Stucchi 2009. "SME Policy and Firms' Productivity in Latin America." IZA Discussion Paper (4486).
ILO (International Labour Organization) 2002. "Report VI Decent Work and the Informal Economy: Sixth Item on the Agenda." Geneva: ILO.
Inexmoda 2012. "Estudio caracterización económica nacional cadena productiva hacia

un sistema moda 2012." Bogota: Inexmoda.
Kras, Eva S. 1991. *La administración mexicana en transición*. México: Grupo Editorial Iberoamérica.
Lederman, Daniel, Julián Messina, Samuel Pienknagura and Jamele Rigolini 2014. *Latin American Entrepreneurs: Many Firms but Little Innovation*. Washington, D.C.: The World Bank.
Loayza, Norman V. 1996. "The Economics of the Informal Sector: A Simple Model and Some Empirical Evidence from Latin America." *Carnegie-Rochester Conference Series on Public Policy*, (45) 1 December: 129-162.
Lomnitz, Larissa Adler and Marisol Pérez Lizaur 1987. *A Mexican Elite Family 1820-1980*. Princeton, N.J.: Princeton University Press.
López-Acevedo, Gladys and Hong W. Tan eds. 2011. *Impact Evaluation of Small and Medium Enterprise Programs in Latin America and the Caribbean*. Washington, D.C.: World Bank.
Maggi, Claudio Campos 2006. "The Salmon Farming and Processing Cluster in Southern Chile," In *Upgrading to Compete: Global Value Chains, Clusters, and SMEs in Latin America*, edited by Carlo Pietrobelli and Roberta Rabellotti, Washington, D.C.: Inter-American Development Bank, 109-140.
Maria y Campos, Mauricio de. 2002. *Pequeñas y medianas empresas industriales y política tecnológica: el caso mexicano de las tres últimas décadas*. Santiago de Chile: CEPAL.
Matos, Marcelo Pessoa de e Ana Arroio 2011. *Políticas de apoio a micro e pequenas empresas no Brasil: Avanços no período recente e perspectivas futuras*. Santiago de Chile: CEPAL.
MME (Ministério de Minas e Energia)/ EPE (Empresa de Pesquisa Energética) 2013. *Plano Decenal de Expansão de Energia 2022*, Brasilia: MME/ EPE.
Naretto, Nilton, Marisa dos Reis Botelho e Maurício Mendonça 2004. "A trajetória das políticas públicas para pequenas e médias empresas no Brasil: do apoio individual ao apoio a empresas articuladas em arranjos produtivos locais." *Planejamento e Políticas Públicas*, (27) jun.-dez.: 61-115.
OECD (Organisation for Economic Co-operation and Development) 2009. *Is Informal Normal? Towards More and Better Jobs in Developing Countries*. Paris: OECD.
OECD and ECLAC 2012. *Latin American Economic Outlook 2013: SMEs Policies for Structural Change*, Paris: OECD and Santiago de Chile: ECLAC.
Pagés-Serra, Carmen ed. 2010. *The Age of Productivity: Transforming Economies from the Bottom Up*. Washington, D.C.: Inter-American Development Bank.
Peres, Wilson and Giovanni Stumpo 2000. "Small and Medium-sized Manufacturing Enterprises in Latin America and the Caribbean Under the New Economic Model." *World Development*, 28 (9) September: 1643-1655.
Peres, Wilson y Giovanni Stumpo, coordinadores 2002. *Las pequeñas y medianas empresas industriales en América Latina y el Caribe*. México: siglo veintiuno

editores y Santiago de Chile: CEPAL.
Pérez Lizaur, Marisol 2010. "Los comerciantes empresarios del tianguis de Chiconcuac en un entorno de globalización." En *Empresa y familia en México, una visión desde la antropología*, comp. por Marisol Pérez Lizaur, México: Universidad Iberoamericana, 135-160.
Pettigrew, Andrew M. 1979. "On Studying Organizational Cultures," *Administrative Science Quarterly* 24 (4) December: 570-581.
Pietrobelli, Carlo and Roberta Rabellotti eds. 2006. *Upgrading to Compete: Global Value Chains, Clusters and SMEs in Latin America*. Washington, D.C.: Inter-American Development Bank.
Pietrobelli, Carlo and Tatiana Olarte Barrera. 2002. "Industrial Clusters and Districts in Colombia? Evidence from the Textile and Garments Industry." *Cuadernos de Administración* 15 (24) junio: 73-103.
Porter, Michael E. 1985. *Competitive advantage: Creating and Sustaining Superior Performance*. New York: Free Press.
―――― 1990. *The Competitive Advantage of Nations*, New York: Free Press.
―――― 1998. "Clusters and the New Economics of Competition." *Harvard Business Review*, November – December, 77-90.
Ramírez Carrillo, Luis Alfonso 1994. "Corporativismo y reciprocidad: cultura empresarial en el sureste de México." *Estudios Sociológicos* 12(35): 381-397.
Ramírez-Pasillas, Marcela, Fernando Sandoval-Arzaga and Maria Fonseca-Paredes 2011. "Entrepreneurship in Transgenerational Processes by Means of Social Capital." In *Understanding Entrepreneurial Family Businesses in Uncertain Envoronments, Opportunities and Resources in Latin America*, edited by Mattias Nordqvist et al., Cheltenham UK: Edward Elgar Publishing, 149-180.
Rozenwurcel, Guillermo y Lorena Drewes 2012. "Las pymes y las compras públicas." En *Compras públicas en América Latina y el Caribe. Diagnósticos y desafíos*, Guillermo Rozenwurcel y Gabriel Bezchinsky compiladores, Buenos Aires: Universidad Nacional de San Martín, 107-144.
Schmitz, Hubert 1995. "Collective Efficiency: Growth Path for Small-scale Industry." *Journal of Development Studies*, 31 (4) April: 529-566.
―――― 1999. "Global Competition and Local Cooperation: Success and Failure in the Sinos Valley, Brazil." *World Development*, 27 (9) September: 1627-1650.
Schmitz, Hubert and Khalid Nadvi 1999. "Clustering and Industrialization: Introduction." *World Development*, 27 (9) September: 1503-1514.
Schneider, Benjamin and Karen M. Barbera 2014. "Introduction." In *The Oxford Handbook of Organizational Climate and Culture*, edited by Benjamin Schneider and Karen M. Barbera, New York: Oxford U.P., 3-20.
Schneider, Friedrich 2004. "The Size of the Shadow Economies of 145 Countries all over the World: First Results over the Period 1999 to 2003." IZA Discussion Paper (1431).

SERCOTEC (Servicio de Cooperación Técnica), Ministerio de Economía y Fomento Turismo 2013. "La situación de la micro y pequeña empresa en Chile." Santiago de Chile: Gobierno de Chile (http://www.sercotec.cl/).

Ugalde Binda, Nadia 2009. "El impacto de la cultura en el desarrollo de las PYMEs," *Ciencias Económicas* 27(1): 293-301.

Vera Muñoz, José Gerardo 2010. "Entorno, antecedentes étnico-familiares, cultura organizacional y proceso de gestión: dos casos contrastantes del sector textil poblano." In *Empresa y familia en México, una visión desde la antropología*, comp. por Marisol Pérez Lizaur, México: Universidad Iberoamericana, 77-114.

Vieira, Adriane, Josè Antônio de Sousa Neto and Maria Teresa Roscoe 2011. "The Influence of Culture on Governance, Innovativeness and Knowledge Generation in Brazilian Family Business." In *Understanding Entrepreneurial Family Businesses in Uncertain Environments, Opportunities and Resources in Latin America*, edited by Mattias Nordqvist et al., Cheltenham, UK: Edward Elgar Publishing, 66-90.

Villamil, Jesús Alberto y Jorge Andrés Tovar 2002. "Situación actual y política para las pequeñas y medianas empresas industriales en Colombia." En *Las pequeñas y medianas empresas industriales en América Latina y El Caribe*, W. Peres y G. Stumpo coodinadores, Santiago de Chile: CEPAL y México: siglo veintiuno editores 184-221.

World Bank 2014. *Doing Business 2015: Going Beyond Efficiency*. Washington, D.C.: World Bank.

＜オンライン統計資料＞

UN Comtrade (United Nations Comtrade Database) (http://comtrade.un.org/).

World Development Indicators (http://data.worldbank.org/data-catalog/world-development-indicators).

索　引

【アルファベット】

BNDES（国立経済社会開発銀行）　107, 110
BRICS　2, 7
CEPAL（国連ラテンアメリカ・カリブ経済委員会）　6
　→ ECLACも参照
CORFO（産業開発公社）　109, 122
CSR（企業の社会的責任）　140
ECLAC（国連ラテンアメリカ・カリブ経済委員会）　6, 20, 24, 85, 106
EU（欧州連合）　8, 21, 24, 106
GVC　→グローバルバリューチェーン
NAFTA（北米自由貿易協定）　68, 70
OECD（経済協力開発機構）　14, 27, 31, 106
SEBRAE（零細・小企業支援サービス）　108, 115, 122

【あ行】

アグアスカリエンテス州　70
アジアNIEs　5
アップグレード　16, 48, 51, 53, 54, 72, 74
　機能の——　53, 56, 57, 61, 62, 73, 75
　工程の——　53, 71-74
　製品の——　53, 57, 72, 74
　分野を超えた——　53
アパレル産業　34, 54, 58-63, 72
アプリ　137, 138
アメリカ合衆国　→米国
アルゼンチン　4, 10, 12, 25-27, 30, 34, 40, 41, 43, 70, 85, 112, 116, 122

イデオロギー　81, 82, 89, 94
イノベーション　2, 11-13, 104, 109, 110, 116, 121, 122, 128
　プロセス——　11
　プロダクト——　11
イベリア的秩序　16, 86, 90, 93, 97, 100, 101, 145
移民社会　79, 80, 85, 90
インフォーマル
　——経済　9, 13-16, 110, 147
　——事業者　115
　——部門（セクター）　30, 41-43, 79, 115, 127
　——労働者　14
ウルグアイ　7, 12, 24, 25, 27, 30, 70
エクアドル　25, 116, 143
エルサルバドル　27, 116
エンジニア　71, 128, 131, 144
エンデバー　134, 146
エンブラエル　9, 128
欧州連合　→EU

【か行】

外部経済性　48, 50, 55, 59, 60, 66, 71, 74
格差構造　31
家族　16, 78, 86, 93, 96, 97, 101, 140
　——経営　143, 146
　——主義　98
カトリック　86, 88, 93
家父長主義　89
簡易税制度　115
企業階層構造　30, 41, 79, 100
企業成長の壁　79, 97, 98

163

企業の社会的責任 → CSR
企業文化 16, 78-86, 88-93, 100, 127, 144, 147
技術支援 105, 108, 109, 121
基準単位 24, 43
規模区分 27, 30
業種分布 30
競争優位 49, 50
競争力 5, 47-49, 51, 53, 110, 114-117, 119, 121
共同行動 48, 50, 55, 61, 65, 66, 74
金属機械産業 127, 134
金融支援 107-109, 112, 118, 121
グアナファト州 70
グローバルバリューチェーン（GVC） 5, 6, 16, 35, 42, 47, 48, 51-53, 57, 61, 67, 71-75, 127, 129, 145
経営指導 109, 110, 121
経済センサス 30, 43
継承問題 95
権威主義 86, 89, 98
研究開発 11, 12, 47, 48, 74, 108
権力格差 84-87
公的融資 104, 106, 107
国営企業 2-4
国際認証 73, 135, 136
国産化率 69, 70
国民文化 81-85, 89, 94
国連ラテンアメリカ・カリブ経済委員会 → ECLAC
コスタリカ 12, 25, 27, 30, 31, 88-90
コミュニケーション能力 144
雇用契約 14, 15
雇用（の）創出 2, 3, 6, 7, 31, 106, 115-117, 119
コロンビア 7, 8, 12, 14, 24, 27, 31, 34, 40-43, 58, 85, 109, 112, 116, 122

【さ行】

債務危機 3, 68, 70, 108
サケ養殖業 63-68
サプライチェーン 5, 132
産業クラスター 5, 16, 42, 48, 50, 53, 58, 63, 68, 74, 109, 110
産業構造 2, 3, 5, 21, 25, 26, 106
産業政策 104, 107, 109, 110, 112, 115, 119, 121, 132
三世代拡大家族 92-94
資金調達 4, 101, 105, 134
治具 132, 144
市場経済改革 2-4, 6, 16, 63, 75
　　→新自由主義経済改革も参照
市場の失敗 104-108, 116-119, 121
自動車産業 54, 68, 127, 132, 144
シノスバレイ 54-58, 72
社会資本 95-98
社会政策 42, 115-117, 119
社会的格差 104, 107, 114, 116, 119, 121
社会包摂 106, 120
集団効率性 47, 48, 50, 55, 59, 65, 72, 74, 75
自由貿易協定 7, 8, 68, 70, 71
シュナイダー 80, 82
小規模企業 30, 35, 40, 43, 94, 105, 114, 115, 122
情報の非対称 105, 106
食品・飲料・たばこ 34, 40
植民地支配 79, 85, 86, 89, 90
所得格差 11, 31
人材育成 74, 109, 114, 130
新自由主義経済改革 108, 116, 121
　　→市場経済改革も参照
シンボル 81, 83, 89
スタートアップ 110, 137, 146
スペイン系移民 91, 92

製靴産業　54, 55, 57, 72
政策効果　120
生産性　9, 49-51, 67, 72, 104, 107, 115, 118, 119
生産性格差　10, 11
製造業　2, 4, 5, 12, 17, 20, 25, 26, 31, 34, 40, 48, 53, 72, 74, 108, 128
政府調達　112, 118, 121
政府の役割　104, 116
繊維産業　59, 61
造船　128, 130, 146
組織風土論　80-82
組織文化　80-84, 100

【た行】

対外債務累積問題　25
地中海文化　93
中規模企業　9, 10, 30, 35, 40-42, 79, 100, 114, 135
中小企業政策　16, 21, 42, 104, 105, 107-110, 112, 115-123, 146, 147
中小企業（の）定義　11, 16, 20, 42, 112
チリ　7, 8, 10, 12, 14, 24-27, 30, 63, 85, 108-110, 112, 114-118, 120, 122, 124
賃金格差　31
ティア　132, 133
テイラー主義　98
伝統的製造業　72
天然資源産業　72, 73
ドイツ人移民　90, 91, 97
統計　2, 16, 20, 24-27, 30, 43, 56
　――事情　43
統治構造　48, 51-53, 57, 61
都市交通　127, 130, 137, 147
ドローバック税制　129

【な行】

中川文雄　90
仲間の輪　87, 98
南米南部共同市場　→メルコスール
ニカラグア　25

【は行】

パトロン―クライアント関係　93, 94
パナマ　12
バリューチェーン　48, 51, 57, 68, 71, 72, 75, 82
　→グローバルバリューチェーンも参照
ヒエラルキー　16, 87, 97-100
ビジネス環境　3, 7, 8, 12, 112, 114, 146
ビジョン　81, 95, 96
貧困削減　106, 119
ファミリー企業　79, 89, 90, 93-98
風力発電　127-130, 145
フォーマル部門　30, 41-43, 79, 127
ブカラマンガ市　58, 60, 61
不均質性　9-11, 13, 107
ブラジル　2, 4, 7-10, 12, 14, 25, 27, 30, 31, 34, 40-42, 54, 70, 89-91, 97, 107, 108, 110, 112, 114-118, 120-122, 128, 130, 137, 145
フランチャイズ　140, 143, 146
フルパッケージ　61, 62
プロテスタント文化　91, 97
米国（アメリカ合衆国）　2, 8, 55, 60, 64, 69-71, 98, 99, 106, 129, 137, 140, 144
ペティグルー　80, 81
ペトロブラス　131, 146
ベネズエラ　25, 85

165

ペルー　7, 8, 10, 12, 14, 24, 25, 27, 30, 85, 108, 109, 112, 114, 119, 122, 134, 141
　——料理　141-143
変圧器　134
ベンチャー企業　137, 139, 146
ベンチャーファンド　137, 138, 146
貿易自由化　4, 25, 26, 63
縫製（産）業　34, 35, 40, 42, 58-61, 91, 97
ポーター，マイケル　48, 49, 110
ホーフステッド　84-87
北米自由貿易協定　→ NAFTA
ホンジュラス　27

【ま行】

マキラ（輸出向け製造請負）　61, 62
マリンチスモ　134
メキシコ　2, 4, 7, 8, 10, 12, 14, 25-27, 30, 31, 34, 40-43, 68, 78, 85, 88, 91-96, 108, 112, 116, 120, 122, 132, 139, 144, 146
メデジン市　58-63

メルコスール（南米南部共同市場）　8, 21, 24
モレロス州　69

【や行】

輸入代替工業化　3, 4, 6, 59, 68-71, 107, 108

【ら行】

リーダーの役割　81, 82
零細・小規模企業一般法　116, 118
零細企業　10, 14, 20, 21, 27, 30, 31, 41, 91, 97, 106, 109, 115, 146, 147
レストラン　127, 141
レバノン系移民　91, 92
労働生産性　9, 12, 13, 24-26, 34, 42
ロムニッツ　93-96, 98

【わ行】

ワシントン・コンセンサス　108, 116

複製許可および PDF 版の提供について

　点訳データ、音読データ、拡大写本データなど、視覚障害者のための利用に限り、非営利目的を条件として、本書の内容を複製することを認めます（http://www.ide.go.jp/Japanese/Publish/reproduction.html）。転載許可担当宛に書面でお申し込みください。

　また、視覚障害、肢体不自由などを理由として必要とされる方に、本書のPDFファイルを提供します。下記のPDF版申込書（コピー不可）を切りとり、必要事項をご記入のうえ、販売担当宛ご郵送ください。折り返しPDFファイルを電子メールに添付してお送りします。

　〒 261 － 8545　千葉県千葉市美浜区若葉 3 丁目 2 番 2
　日本貿易振興機構 アジア経済研究所
　研究支援部出版企画編集課　各担当宛

　ご連絡頂いた個人情報は、アジア経済研究所出版企画編集課（個人情報保護管理者－出版企画編集課長 043-299-9534）が厳重に管理し、本用途以外には使用いたしません。また、ご本人の承諾なく第三者に開示することはありません。

　　　　　　　　　アジア経済研究所研究支援部 出版企画編集課長

PDF 版の提供を申し込みます。他の用途には利用しません。

清水達也・二宮康史・星野妙子著『ラテンアメリカの中小企業』
【アジ研選書 No.41】2015 年

住所 〒

氏名：　　　　　　　　　　　　　年齢：

職業：

電話番号：

電子メールアドレス：

執筆者一覧

清水　達也（アジア経済研究所地域研究センター）　　第 1, 3, 6 章

二宮　康史（日本貿易振興機構企画部
　　　　　・前アジア経済研究所地域研究センター）　第 1, 2, 5, 6 章

星野　妙子（アジア経済研究所地域研究センター）　　第 2, 4, 6 章

[アジ研選書 No.41]
ラテンアメリカの中小企業

2015 年 11 月 30 日発行　　　　　　　　　定価［本体 2100 円＋税］
著　者　清水達也・二宮康史・星野妙子
発行所　アジア経済研究所
　　　　独立行政法人日本貿易振興機構
　　　　千葉県千葉市美浜区若葉 3 丁目 2 番 2　〒261-8545
　　　　研究支援部　電話　043-299-9735（販売）
　　　　　　　　　　FAX　043-299-9736（販売）
　　　　　　　　　　E-mail　syuppan@ide.go.jp
　　　　　　　　　　http://www.ide.go.jp
印刷所　康印刷株式会社

© 独立行政法人日本貿易振興機構アジア経済研究所 2015
落丁・乱丁本はお取り替えいたします　　　　　無断転載を禁ず
　　　　　　　　　　　　　　　　　　　　ISBN 978-4-258-29041-3

出版案内
「アジ研選書」

（表示価格は本体価格です）

40 新興民主主義大国インドネシア
ユドヨノ政権の10年とジョコウィ大統領の誕生

川村晃一編　　　　2015年 近刊

政治的安定と経済成長を達成し、新興国として注目されるインドネシア。ユドヨノ政権10年の成果と限界を分析しながら、2014年のジョコ・ウィドド大統領誕生の背景と新政権の課題を考える。

39 ポスト軍政のミャンマー
改革の実像

工藤年博編　　　　2015年 225p. 2900円

23年間の軍事政権から、民政移管で誕生したテインセイン政権。民主化と経済開放を一気に進め「アジア最後のフロンティア」に躍り出たミャンマーでは、なにが変わり、なにが変わらないのか。

38 アジアの障害者教育法制
インクルーシブ教育実現の課題

小林昌之編　　　　2015年 228p. 2900円

アジア7カ国の障害者教育法制に焦点を当て、障害者権利条約が謳っている教育の権利、差別の禁止、インクルーシブ教育の実現に向けての各国の実態と課題を考察する。

37 知られざる工業国バングラデシュ

村山真弓・山形辰史編　2014年 430p. 5400円

「新・新興国」バングラデシュ。その成長の源泉は製造業にある。世界第2のアパレル以外にも芽吹き始めた医薬品、造船、ライト・エンジニアリング、食品、皮革、IT、小売等、各産業の現状と課題を分析する。

36 岐路に立つコスタリカ
新自由主義か社会民主主義か

山岡加奈子編　　　2014年 217p. 2700円

非武装、高福祉、外資による高成長を記録するコスタリカは、従来の社会民主主義路線と、新たな新自由主義路線の間で揺れている。最新の資料を基に同国の政治・経済・社会を論じる。

35 アジアにおける海上輸送と中韓台の港湾

池上寛編　　　　　2013年 222p. 2700円

アジアでは国を跨ぐ国際分業が進化し、国際物流も変貌した。本書ではアジアにおける最大の輸送手段である海上輸送を検討し、中国・韓国・台湾の港湾の現状と課題を取り上げた。

34 躍動するブラジル
新しい変容と挑戦

近田亮平編　　　　2013年 211p. 2600円

新興の雄として21世紀初頭に世界での存在感を増したブラジルについて、政治、経済、企業、社会、外交、開発をテーマに解説。近年のブラジルが成し遂げた変容や試行する挑戦について、総合的理解をめざした一書。

33 児童労働撤廃に向けて
今、私たちにできること

中村まり・山形辰史編　2013年 250p. 3000円

児童労働撤廃をめざし、国際機関・NPO・市民社会・企業等のアクターが新しいアプローチで立ち向かっている現状と、日本の経験について、より深く知るための解説書。

32 エジプト動乱
1.25革命の背景

伊能武次・土屋一樹編　2012年 142p. 1800円

ムバーラク政権はなぜ退陣を余儀なくされたのか。国民はどんな不満を抱いていたのか。1.25革命をもたらした国内要因について、1990年代以降の政治・経済・社会の変化から読み解く。

31 アジアの障害者雇用法制
差別禁止と雇用促進

小林昌之編　　　　2012年 205p. 2600円

アジア7カ国における障害者雇用法制の実態を概説。障害者に対する差別禁止、割当雇用、雇用促進などの諸制度を法学と「障害と開発」の視点から分析する。

30 東南アジアの比較政治学

中村正志編　　　　2012年 209p. 1900円

政治制度に焦点を当てて各章で域内先進5カ国を比較した類例のない概説書。国ごとの差異を一貫した論理で説明する。政治学と各国研究の知見を接合して新たな地域観を提示する。